A Guide to Meaningful Relationships: Understanding love, Intimacy, and Connection

सार्थक संबंधों की ओर एक मार्गदर्शिका: प्यार, आत्मीयता और जुड़ाव को समझना

Prasad Kumar

Copyright © [2023]

Title: A Guide to Meaningful Relationships: Understanding love, Intimacy, and Connection

Author's: **Prasad Kumar**

All rights reserved. No part of this publication may be reproduced, stored in a retrieval system, or transmitted in any form or by any means, electronic, mechanical, photocopying, recording, or otherwise, without the prior written permission of the publisher or author, except in the case of brief quotations embodied in critical reviews and certain other non-commercial uses permitted by copyright law.

This book was printed and published by [Publisher's: **Prasad Kumar**] in [2023]

ISBN:

TABLE OF CONTENT

Chapter 1: The Foundation of Meaningful Relationships   09

- Defining the key concepts: love, intimacy, and connection.
- Exploring the different types of relationships (romantic, platonic, family, etc.) and their unique dynamics.
- Identifying the importance of self-awareness and understanding one's own needs and desires in relationships.
- Discussing the role of communication, empathy, and respect in building strong foundations.

Chapter 2: Understanding Love's Expressions   28

- Exploring the different types of love (romantic, platonic, familial, etc.) and their characteristics.
- Identifying personal love languages and learning how to understand and appreciate the love languages of others.
- Examining the role of communication in expressing love effectively and understanding the needs of others.
- Discussing healthy ways to navigate challenges and conflicts in love relationships.

Chapter 3: Cultivating Intimacy   45

- Defining intimacy and exploring its different dimensions (emotional, physical, intellectual, spiritual).
- Identifying the importance of vulnerability and trust in building intimacy.
- Discussing strategies for creating a safe and supportive environment for intimacy to flourish.
- Exploring healthy boundaries and respecting personal space in intimate relationships.

Chapter 4: The Power of Connection   59

- Defining connection and its role in building meaningful relationships.
- Identifying shared values, interests, and goals as key factors in fostering connection.
- Discussing the importance of active listening, quality time, and shared experiences in strengthening bonds.
- Exploring strategies for building and maintaining connection in long-distance relationships.

Chapter 5: Embracing Growth and Change in Relationships 68

- Acknowledging the inevitable changes and challenges that occur in relationships over time.
- Discussing healthy ways to navigate conflict and disagreements.
- Emphasizing the importance of open communication, compromise, and adaptability.
- Exploring strategies for maintaining individual growth and personal development while fostering a healthy relationship.
- Addressing the topic of ending relationships and navigating breakups with grace and respect.

TABLE OF CONTENT

अध्याय 1: सार्थक संबंधों की नींव   09

- प्रमुख अवधारणाओं को परिभाषित करना: प्यार, आत्मीयता और जुड़ाव।
- विभिन्न प्रकार के संबंधों (रोमांटिक, प्लेटोनिक, पारिवारिक आदि) और उनकी अद्वितीय गतिशीलता का पता लगाना।
- रिश्तों में आत्म-जागरूकता और अपनी आवश्यकताओं और इच्छाओं को समझने के महत्व की पहचान करना।
- मजबूत नींव बनाने में संचार, सहानुभूति और सम्मान की भूमिका पर चर्चा करना।

अध्याय 2: प्रेम की अभिव्यक्तियों को समझना   28

- विभिन्न प्रकार के प्यार (रोमांटिक, प्लेटोनिक, पारिवारिक आदि) और उनकी विशेषताओं की खोज।
- व्यक्तिगत प्रेम भाषाओं की पहचान करना और दूसरों की प्रेम भाषाओं को समझना और उसकी सराहना करना सीखना।
- प्यार को प्रभावी ढंग से व्यक्त करने और दूसरों की जरूरतों को समझने में संचार की भूमिका की जांच करना।
- प्रेम संबंधों में चुनौतियों और संघर्षों को दूर करने के स्वस्थ तरीकों पर चर्चा करना।

अध्याय 3: आत्मीयता की खेती   45

आत्मीयता को परिभाषित करना और इसके विभिन्न आयामों (भावनात्मक, शारीरिक, बौद्धिक, आध्यात्मिक) की खोज करना।

आत्मीयता बनाने में भेद्यता और विश्वास के महत्व को पहचानना।

आत्मीयता को बढ़ाने के लिए एक सुरक्षित और सहायक वातावरण बनाने के लिए रणनीतियों पर चर्चा करना।

स्वस्थ सीमाओं का पता लगाना और अंतरंग संबंधों में व्यक्तिगत स्थान का सम्मान करना।

अध्याय 4: संबंधों में जुड़ाव की शक्ति   59

जुड़ाव को परिभाषित करना और सार्थक संबंध बनाने में इसकी भूमिका।

साझा मूल्यों, रुचियों और लक्ष्यों को जुड़ाव को बढ़ावा देने में प्रमुख कारकों के रूप में पहचानना।

सक्रिय सुनने, गुणवत्तापूर्ण समय और साझा अनुभवों के महत्व पर चर्चा करना।

लंबी दूरी के रिश्तों में संबंध बनाने और बनाए रखने के लिए रणनीतियों की खोज करना।

अध्याय 5: रिश्तों में विकास और परिवर्तन को गले लगाना 68

- समय के साथ रिश्तों में होने वाले अपरिहार्य परिवर्तनों और चुनौतियों को स्वीकार करना।
- संघर्ष और असहमति को दूर करने के स्वस्थ तरीकों पर चर्चा करना।
- खुले संचार, समझौता और अनुकूलन के महत्व पर जोर देना।
- एक स्वस्थ संबंध को बढ़ावा देते हुए व्यक्तिगत विकास और व्यक्तिगत विकास को बनाए रखने के लिए रणनीतियों की खोज करना।
- रिश्तों को समाप्त करने और विरामों को शालीनता और सम्मान के साथ पार करने के विषय को संबोधित करना।

Chapter 1: The Foundation of Meaningful Relationships

Chapter 1: सार्थक संबंधों की नींव

सार्थक संबंधों की नींव: प्रेम, आत्मीयता और जुड़ाव को परिभाषित करना

सार्थक संबंधों की आधारशिला तीन महत्वपूर्ण अवधारणाओं पर टिकी होती है: प्रेम, आत्मीयता और जुड़ाव। इन अवधारणाओं को समझना और उनका पोषण करना ही सफल, सुखी और दीर्घकालिक संबंधों की ओर पहला कदम है।

प्रेम: एक बहुआयामी अनुभव

प्रेम एक जटिल और बहुआयामी अनुभव है, जिसे एक शब्द में परिभाषित करना कठिन है। यह आमतौर पर एक गहरी भावनात्मक लगाव, देखभाल, स्नेह और प्रतिबद्धता की भावना से जुड़ा होता है। हालांकि, प्रेम के विभिन्न प्रकार होते हैं, जिनमें प्रत्येक अपनी अनूठी विशेषताओं के साथ होता है।

- रोमांटिक प्रेम: यह एक जुनून, आकर्षण और शारीरिक अंतरंगता से जुड़ा हुआ गहरा प्रेम है।
- प्लेटोनिक प्रेम: यह गहरी दोस्ती, आपसी सम्मान और समझ पर आधारित एक भावुक लगाव है।
- पारिवारिक प्रेम: यह एक निःस्वार्थ प्रेम है जो रक्त संबंधों या गोद लेने के माध्यम से परिवार के सदस्यों के बीच साझा किया जाता है।

- आत्म-प्रेम: यह स्वयं के लिए सकारात्मक संबंध और स्वीकृति है, जो स्वस्थ और सार्थक संबंधों को बनाने के लिए आवश्यक है।

प्रेम की गुणवत्ता एक रिश्ते की सफलता को निर्धारित करने में महत्वपूर्ण भूमिका निभाती है। स्वस्थ प्रेम में देखभाल, सम्मान, विश्वास, ईमानदारी, संचार और समझ शामिल हैं।

आत्मीयता: गहराई से जुड़ने की कला

आत्मीयता एक गहराई से जुड़ने की कला है जो भावनात्मक, शारीरिक, बौद्धिक और आध्यात्मिक स्तरों पर होती है। यह भेद्यता और विश्वास के लिए एक सुरक्षित वातावरण बनाने के बारे में है, जहां लोग अपने विचारों, भावनाओं और अनुभवों को बिना किसी डर या शर्म के साझा कर सकते हैं।

आत्मीयता के निर्माण के लिए कई महत्वपूर्ण कारक हैं:

- सक्रिय सुनना: बिना किसी रुकावट के दूसरे व्यक्ति को सुनने की क्षमता।
- सहानुभूति: दूसरे व्यक्ति के दृष्टिकोण को समझने और उसकी भावनाओं को महसूस करने की क्षमता।
- स्व-प्रकटीकरण: अपने बारे में खुलकर और ईमानदारी से बात करने की क्षमता।
- स्वीकृति: दूसरे व्यक्ति को स्वीकार करना जैसा वह है, बिना किसी शर्त के।
- भेद्यता: अपनी कमजोरियों और कमियों को साझा करने में सहज होना।

आत्मीयता रिश्तों को गहरा, मजबूत और अधिक सार्थक बनाती है। यह लोगों को एक-दूसरे के करीब महसूस करने, गहराई से जुड़ने और जीवन

के उतार-चढ़ावों का सामना करने के लिए एक ठोस आधार प्रदान करती है।

जुड़ाव: साझा मूल्यों और लक्ष्यों का बंधन

जुड़ाव साझा मूल्यों, रुचियों, लक्ष्यों और अनुभवों द्वारा बनाया गया एक मजबूत बंधन है। यह लोगों को एक साथ लाता है और उन्हें एक दूसरे के जीवन में निवेशित महसूस कराता है।

जुड़ाव को बढ़ावा देने के कई तरीके हैं:

- साझा गतिविधियों में शामिल होना: एक साथ समय बिताने और साझा अनुभव बनाने से जुड़ाव मजबूत होता है।
- खुले और ईमानदार संचार: अपने विचारों, भावनाओं और अनुभवों को एक-दूसरे के साथ साझा करने से जुड़ाव बढ़ता है।
- संघर्ष का सकारात्मक समाधान: मतभेद होने पर सम्मान और समझ के साथ उनका समाधान करना जुड़ाव को बनाए रखने में मदद करता है।

प्यार क्या है?

प्यार एक जटिल भावना है जिसे विभिन्न तरीकों से अनुभव किया और व्यक्त किया जा सकता है। कुछ लोगों के लिए प्यार एक गहरी, निस्वार्थ भावना है, जबकि अन्य इसे रोमांटिक आकर्षण या स्नेह के रूप में अनुभव करते हैं। प्यार को दयालुता, करुणा, सम्मान और विश्वास की भावनाओं से भी जोड़ा जाता है।

प्यार के पांच प्रमुख प्रकार हैं:

- रोमांटिक प्यार: यह दो व्यक्तियों के बीच एक मजबूत, भावुक और शारीरिक संबंध है।

- पारिवारिक प्यार: यह माता-पिता, बच्चों, भाई-बहनों और अन्य परिवार के सदस्यों के बीच एक गहरा और स्थायी बंधन है।
- प्लेटोनिक प्यार: यह दोस्तों के बीच एक मजबूत भावनात्मक संबंध है जो किसी भी रोमांटिक या यौन आकर्षण से मुक्त हो सकता है।
- स्व-प्रेम: यह अपने आप को स्वीकार करने, सम्मान करने और मूल्यवान महसूस करने की प्रक्रिया है।
- आध्यात्मिक प्रेम: यह भगवान या किसी उच्च शक्ति के प्रति गहरा प्रेम और भक्ति है।

आत्मीयता क्या है?

आत्मीयता एक गहरा, भावनात्मक संबंध है जो दो व्यक्तियों के बीच विश्वास, समझ और भेद्यता पर आधारित होता है। यह एक ऐसा बंधन है जिसमें लोग अपने सबसे गहरे विचारों, भावनाओं और अनुभवों को एक-दूसरे के साथ साझा करने के लिए सुरक्षित महसूस करते हैं।

आत्मीयता निम्नलिखित तत्वों पर आधारित है:

- विश्वास: आत्मीयता तभी विकसित हो सकती है जब लोगों को एक-दूसरे पर भरोसा हो और विश्वास हो कि वे उनके रहस्यों को सुरक्षित रखेंगे।
- समझ: आत्मीयता तभी गहराती है जब लोग एक-दूसरे को गहराई से समझते हैं और उनकी भावनाओं, विचारों और अनुभवों को स्वीकार करते हैं।
- भेद्यता: आत्मीयता तब खिलती है जब लोग खुद को कमजोर बनाने के लिए तैयार होते हैं और अपने सबसे गहरे विचारों और भावनाओं को एक-दूसरे के साथ साझा करते हैं।

जुड़ाव क्या है?

जुड़ाव एक साझा अनुभव है जो दो या दो से अधिक व्यक्तियों को एक साथ बांधता है। यह साझा मूल्यों, रुचियों, लक्ष्यों और अनुभवों के माध्यम से बनाया जाता है। जुड़ाव एक सकारात्मक भावना है जो लोगों को एक-दूसरे के करीब महसूस कराती है और उन्हें एक मजबूत समुदाय का हिस्सा बनाती है।

जुड़ाव निम्नलिखित तत्वों पर आधारित है:

- साझा मूल्य: जब लोगों के समान मूल्य होते हैं, तो उनके लिए एक-दूसरे का सम्मान करना और एक-दूसरे के साथ जुड़ना आसान होता है।
- साझा रुचियां: जब लोगों के समान रुचियां होती हैं, तो वे एक-दूसरे के साथ बातचीत करने और मज़े करने का आनंद लेते हैं।
- साझा लक्ष्य: जब लोगों के समान लक्ष्य होते हैं, तो वे एक-दूसरे को प्रेरित और समर्थन कर सकते हैं।
- साझा अनुभव: जब लोग साझा अनुभवों से गुजरते हैं, तो वे एक-दूसरे के साथ एक गहरा बंधन बनाते हैं।

सार्थक संबंधों की नींव: विभिन्न प्रकार के संबंधों की खोज और उनकी अनूठी गतिशीलता

जीवन के विभिन्न चरणों में हम कई प्रकार के रिश्तों का अनुभव करते हैं जिनमें से प्रत्येक अपनी अनूठी गतिशीलता रखता है। इन विभिन्न संबंधों को समझना और उनका पोषण करना हमारे समग्र कल्याण और जीवन की संतुष्टि के लिए आवश्यक है। आइए कुछ सबसे आम प्रकार के संबंधों और उनकी विशेषताओं पर एक नज़र डालें:

1. रोमांटिक संबंध:

रोमांटिक रिश्ते दो व्यक्तियों के बीच गहरी प्रेम, जुनून और आकर्षण पर आधारित होते हैं। इन रिश्तों में शारीरिक, भावनात्मक और बौद्धिक अंतरंगता का स्तर अधिक होता है। रोमांटिक रिश्ते व्यक्तिगत विकास और खुशी में महत्वपूर्ण भूमिका निभा सकते हैं।

- विशेषताएं: भावनात्मक अंतरंगता, शारीरिक स्नेह, साझा लक्ष्य, विश्वास और प्रतिबद्धता, संघर्ष का समाधान।

2. प्लेटोनिक संबंध:

प्लेटोनिक रिश्ते दोस्तों के बीच होते हैं जिनमें रोमांटिक या यौन आकर्षण शामिल नहीं होता है। ये रिश्ते आपसी समझ, विश्वास और सम्मान पर आधारित होते हैं। प्लेटोनिक रिश्ते हमें सामाजिक रूप से जुड़े रहने, समर्थन प्राप्त करने और मज़े करने में मदद करते हैं।

- विशेषताएं: साझा रुचियां, गैर-न्यायिक समर्थन, ईमानदारी और संचार, मस्ती और हंसी, स्वीकृति।

3. पारिवारिक संबंध:

पारिवारिक संबंध हमारे जीवन के सबसे महत्वपूर्ण रिश्तों में से एक हैं। ये रिश्ते खून, विवाह या गोद लेने के माध्यम से बनते हैं। पारिवारिक संबंध हमें सुरक्षा, प्यार और समर्थन प्रदान करते हैं।

- विशेषताएं: पारस्परिक निर्भरता, सहानुभूति और करुणा, इतिहास और साझा अनुभव, पारंपरिक भूमिकाएं और उम्मीदें, जटिल और कभी-कभी चुनौतीपूर्ण गतिशीलता।

4. सहकर्मी संबंध:

सहकर्मी संबंध वे होते हैं जो हम अपने काम, स्कूल या अन्य गतिविधियों के दौरान बनाते हैं। ये रिश्ते हमें सामाजिक रूप से जुड़े रहने, सहयोग करने और नए कौशल सीखने में मदद करते हैं।

- विशेषताएं: साझा लक्ष्य और दायित्व, सकारात्मक कार्य वातावरण, पेशेवर सम्मान, सीमित व्यक्तिगत खुलासा, गतिशील और स्थितियों के आधार पर बदलते हैं।

5. मेंटर-शिष्य संबंध:

मेंटर-शिष्य संबंध एक अनुभवी व्यक्ति और एक कम अनुभवी व्यक्ति के बीच एक संबंध है जो मार्गदर्शन और शिक्षा प्रदान करता है। ये रिश्ते व्यक्तिगत और व्यावसायिक विकास के लिए अमूल्य हो सकते हैं।

- विशेषताएं: ज्ञान और अनुभव का हस्तांतरण, प्रतिक्रिया और मार्गदर्शन, प्रेरणा और समर्थन, सीखने और विकास, सम्मान और पारस्परिक लाभ।

6. समुदाय संबंध:

समुदाय संबंध वे होते हैं जो हम अपने पड़ोस, धार्मिक संगठनों या अन्य सामाजिक समूहों के सदस्यों के साथ बनाते हैं। ये रिश्ते हमें एकजुटता की भावना प्रदान करते हैं और हमें दूसरों की मदद करने का अवसर देते हैं।

- विशेषताएं: साझा मूल्य और विश्वास, परस्पर सहायता और समर्थन, सामाजिक जिम्मेदारी, एकजुटता और सामूहिक कार्रवाई, सामाजिक जुड़ाव और सदस्यता की भावना।

विभिन्न प्रकार के संबंधों की गतिशीलता को समझना महत्वपूर्ण है ताकि हम उन्हें प्रभावी ढंग से पोषण और प्रबंधन कर सकें। प्रत्येक प्रकार का संबंध अलग-अलग स्तर के प्रयास और ध्यान की मांग करता है।

पेशेवर संबंध:

- सहकर्मियों, नियोक्ताओं, कर्मचारियों, ग्राहकों और भागीदारों के बीच काम पर विकसित होने वाले संबंधों को संदर्भित करता है।
- पेशेवर संबंधों के लिए सम्मान, ईमानदारी, सहयोग और जिम्मेदारी आवश्यक है।
- इन संबंधों से व्यक्तिगत और व्यावसायिक विकास दोनों हो सकता है।

सामाजिक संबंध:

- दोस्तों, पड़ोसियों, सहपाठियों, और सामुदायिक सदस्यों के साथ हमारे संबंधों को संदर्भित करता है।
- सामाजिक संबंधों के लिए खुलापन, मित्रता, सहायता और साझा हितों की आवश्यकता होती है।

- ये संबंध सामाजिक जुड़ाव, समर्थन और एक समुदाय का हिस्सा महसूस करने की भावना प्रदान करते हैं।

सलाहकार संबंध:

- एक ऐसे व्यक्ति के साथ एक मार्गदर्शक संबंध जो सलाह, समर्थन और ज्ञान प्रदान करता है।
- शिक्षक, गुरु, संरक्षक, चिकित्सक, या जीवन कोच के साथ हो सकता है।
- सलाहकार संबंधों के लिए विश्वास, सम्मान, और खुलेपन की आवश्यकता होती है।
- ये रिश्ते व्यक्तिगत विकास, समस्या समाधान और जीवन लक्ष्यों को प्राप्त करने में सहायता कर सकते हैं।

आभासी संबंध:

- इंटरनेट और सोशल मीडिया के माध्यम से विकसित होने वाले संबंधों को संदर्भित करता है।
- दोस्ती, रोमांटिक संबंध, व्यावसायिक संबंध और समुदायों में शामिल हो सकते हैं।
- आभासी संबंधों के लिए खुलेपन, ईमानदारी और सावधानी की आवश्यकता होती है।
- ये रिश्ते सामाजिक जुड़ाव, समर्थन और एक समुदाय का हिस्सा महसूस करने की भावना प्रदान कर सकते हैं, लेकिन वास्तविक जीवन के संपर्क को प्रतिस्थापित नहीं करना चाहिए।

आत्म-जागरूकता और रिश्तों में अपनी आवश्यकताओं और इच्छाओं को समझने का महत्व

सार्थक और खुशहाल संबंध बनाने के लिए, आत्म-जागरूकता और अपनी आवश्यकताओं और इच्छाओं को समझना आवश्यक है। जब हम खुद को अच्छी तरह से जानते हैं, तो हम स्वस्थ सीमाएँ निर्धारित करने, प्रभावी ढंग से संवाद करने और दूसरों के साथ परिपक्व संबंध बनाने में सक्षम होते हैं।

आत्म-जागरूकता क्या है?

आत्म-जागरूकता अपने विचारों, भावनाओं, व्यवहारों और प्रेरणाओं की गहरी समझ है। यह अपने आप को स्वीकार करने और अपने ताकत, कमजोरियों, मूल्यों और लक्ष्यों को पहचानने की क्षमता है।

स्वयं की आवश्यकताएं और इच्छाएं क्या हैं?

हमारी आवश्यकताएं वे आवश्यक चीजें हैं जो हमारे शारीरिक और भावनात्मक स्वास्थ्य के लिए आवश्यक हैं। उदाहरण के लिए, हमें प्यार, सम्मान, सुरक्षा, स्वतंत्रता और विकास की आवश्यकता है।

हमारी इच्छाएं वे चीजें हैं जिन्हें हम चाहते हैं और जो हमारे जीवन को अर्थ और उद्देश्य प्रदान करती हैं। उदाहरण के लिए, हम रिश्ते, करियर, यात्रा करने और नई चीजें सीखने की इच्छा रख सकते हैं।

आत्म-जागरूकता और रिश्तों में अपनी आवश्यकताओं और इच्छाओं को समझने का महत्व क्यों है?

- स्वस्थ सीमाएं निर्धारित करना: जब हम जानते हैं कि हमें क्या चाहिए, तो दूसरों के साथ स्वस्थ सीमाएं निर्धारित करना आसान होता है। हम यह

कहने में सक्षम हो सकते हैं कि क्या हमें ठीक है और क्या नहीं, और उन व्यवहारों को स्वीकार करने से इनकार कर सकते हैं जो हमें नुकसान पहुंचाते हैं।

प्रभावी ढंग से संवाद करना: जब हम अपनी भावनाओं और जरूरतों को समझते हैं, तो हम उन्हें दूसरों को स्पष्ट रूप से और प्रभावी ढंग से बता सकते हैं। इससे गलतफहमी को कम करने और दूसरों के साथ मजबूत संबंध बनाने में मदद मिलती है।

सम्मानजनक संबंध बनाना: जब हम अपनी आवश्यकताओं और इच्छाओं को जानते हैं, तो हम ऐसे रिश्तों को आकर्षित करने में सक्षम होते हैं जो हमें पूरा करते हैं। हम ऐसे लोगों को भी आकर्षित कर सकते हैं जो हमें सम्मान करते हैं और हमारे साथ सम्मानजनक और समान व्यवहार करते हैं।

अपनी खुद की जिम्मेदारी लेना: हमारे जीवन और खुशी के लिए खुद को जिम्मेदार ठहराने में आत्म-जागरूकता आवश्यक है। जब हम जानते हैं कि हमें क्या चाहिए, तो हम इसे प्राप्त करने के लिए कदम उठा सकते हैं।

अपने आप को अधिक प्यार करना: जब हम अपनी सभी खामियों के साथ खुद को स्वीकार करते हैं, तो हम खुद को अधिक प्यार करने में सक्षम होते हैं। यह हमें दूसरों के साथ स्वस्थ और खुशहाल रिश्ते बनाने के लिए एक मजबूत आधार प्रदान करता है।

आत्म-जागरूकता कैसे विकसित करें?

आत्म-प्रतिबिंब का अभ्यास करें: अपने विचारों, भावनाओं और व्यवहारों को नियमित रूप से प्रतिबिंबित करने के लिए समय निकालें। आप जर्नलिंग, ध्यान, या किसी मित्र या चिकित्सक से बात करने का प्रयास कर सकते हैं।

अपने मूल्यों और लक्ष्यों को पहचानें: अपने आप से पूछें कि आपके लिए क्या महत्वपूर्ण है और आप जीवन में क्या हासिल करना चाहते हैं।

- अपनी भावनाओं को पहचानें और स्वीकार करें: अपनी भावनाओं को न दबाएं या नकारें। उन्हें स्वीकार करना और समझना सीखें।
- अपने व्यवहारों का निरीक्षण करें: यह देखने के लिए कि आप अपने जीवन में क्या पैटर्न बना रहे हैं, अपने व्यवहारों पर ध्यान दें।
- फीडबैक लें: दूसरों से पूछें कि वे आपको कैसे देखते हैं और आपके बारे में क्या पसंद करते हैं।

आत्म-जागरूकता का महत्व:

- स्वस्थ सीमाएं बनाना: जब आप अपनी आवश्यकताओं और सीमाओं को समझते हैं, तो आप स्वस्थ सीमाएं निर्धारित करने में सक्षम होते हैं और दूसरों को भी उनका सम्मान करने के लिए प्रोत्साहित करते हैं।
- संचार में सुधार: आत्म-जागरूकता आपको अपनी भावनाओं और जरूरतों को स्पष्ट रूप से व्यक्त करने में मदद करती है। यह गलतफहमी और संघर्ष को कम करता है और आपके रिश्तों को मजबूत बनाता है।
- आत्मविश्वास बढ़ाना: जब आप जानते हैं कि आप कौन हैं और क्या चाहते हैं, तो आप अधिक आत्मविश्वास और आत्मसम्मान विकसित करते हैं। यह आपको स्वस्थ, पारस्परिक संबंध बनाने के लिए अधिक तैयार करता है।
- अपनी आवश्यकताओं को पूरा करना: स्वस्थ संबंध केवल तभी फलते-फूलते हैं जब आपकी अपनी आवश्यकताएं पूरी होती हैं। जब आप अपनी आवश्यकताओं को समझते हैं, तो आप उन्हें अपने रिश्तों में व्यक्त कर सकते हैं और अपने आप को खुश रहने के लिए जिम्मेदार ठहरा सकते हैं।

अपनी आवश्यकताओं और इच्छाओं को कैसे समझें:

- आत्म-प्रतिबिंब का अभ्यास करें: नियमित रूप से अपने विचारों, भावनाओं और अनुभवों को प्रतिबिंबित करने के लिए समय निकालें। एक पत्रिका रखें, ध्यान करें, या किसी विश्वसनीय मित्र या चिकित्सक से बात करें।

- अपनी मूल्यों को पहचानें: आपको क्या महत्वपूर्ण लगता है? आप किस तरह का जीवन जीना चाहते हैं? अपने मूल्यों को समझना आपको अपने लिए सही संबंधों का चयन करने में मदद कर सकता है।

- अपनी आवश्यकताएं निर्धारित करें: आपको एक रिश्ते से क्या चाहिए? प्यार, समर्थन, सम्मान, संचार, या कुछ और? अपनी आवश्यकताओं को जानने से आप उन रिश्तों को पहचान सकते हैं जो आपको खुश और पूरे महसूस कराते हैं।

- अपनी इच्छाओं को पहचानें: आप एक रिश्ते में क्या अनुभव करना चाहते हैं? रोमांच, जुनून, यात्रा, साझा हित, या कुछ और? अपनी इच्छाओं को समझना आपको ऐसे रिश्तों का चयन करने में मदद कर सकता है जो आपको रोमांचित और संतुष्ट महसूस कराते हैं।

स्वस्थ संबंधों के लिए आत्म-जागरूकता का उपयोग करना:

- संचार में सुधार: अपनी भावनाओं और जरूरतों को स्पष्ट रूप से और ईमानदारी से व्यक्त करें। अपने साथी को भी ऐसा करने के लिए प्रोत्साहित करें।

- स्वस्थ सीमाएं निर्धारित करें: दूसरों के साथ बातचीत करते समय अपनी आवश्यकताओं और सीमाओं को स्पष्ट रूप से बताएं। जब कोई आपकी सीमाओं का सम्मान नहीं करता है, तो उस पर कार्रवाई करने में संकोच न करें।

- संघर्ष को प्रभावी ढंग से हल करें: अपने साथी के साथ शांत और सम्मानजनक तरीके से अपनी चिंताओं को व्यक्त करें। सुनने और समझने के लिए तैयार रहें।

- अपनी आवश्यकताओं को पूरा करें: अपने साथी से अपनी आवश्यकताओं को पूरा करने की अपेक्षा न करें। अपने लिए खुश रहने और अपनी आवश्यकताओं को पूरा करने के लिए जिम्मेदार बनें।
- आत्म-देखभाल का अभ्यास करें: अपनी शारीरिक और मानसिक भलाई का ध्यान रखें। स्वस्थ भोजन करना, नियमित रूप से व्यायाम करना और पर्याप्त नींद लेना महत्वपूर्ण है।

मजबूत नींव बनाने में संचार, सहानुभूति और सम्मान की भूमिका

सार्थक संबंधों को बनाने और बनाए रखने के लिए मजबूत नींव की आवश्यकता होती है। इस नींव के निर्माण में तीन प्रमुख अवधारणाएँ महत्वपूर्ण भूमिका निभाती हैं: संचार, सहानुभूति और सम्मान।

संचार का महत्व

संचार एक सफल संबंध के लिए सबसे महत्वपूर्ण कारकों में से एक है। यह विचारों, भावनाओं और जरूरतों को व्यक्त करने और समझने का एक द्वि-आयामी प्रक्रिया है। स्वस्थ संचार में स्पष्टता, सक्रिय सुनना और सम्मान आवश्यक हैं।

संचार के लाभ:

- मजबूत बंधन बनाता है: जब लोग खुलकर और ईमानदारी से एक-दूसरे से बात करते हैं, तो उनके बीच विश्वास और अंतरंगता का बंधन मजबूत होता है।
- संघर्ष को कम करता है: खराब संचार अक्सर गलतफहमी और संघर्ष की ओर ले जाता है। स्पष्ट और खुला संचार संघर्ष को रोकने और प्रभावी ढंग से हल करने में मदद कर सकता है।
- जरूरतों को पूरा करता है: जब हम अपनी जरूरतों और इच्छाओं को स्पष्ट रूप से व्यक्त करते हैं, तो हमारे साथी उन्हें पूरा करने का प्रयास कर सकते हैं। इससे खुशी और संतुष्टि का रिश्ता बनता है।
- एक-दूसरे को बेहतर समझने में मदद करता है: जब लोग खुलकर और ईमानदारी से एक-दूसरे से बात करते हैं, तो वे एक-दूसरे को बेहतर तरीके से समझ सकते हैं। इससे करुणा और स्वीकृति बढ़ती है।

संचार के लिए प्रभावी रणनीतियाँ:

- "मैं" कथनों का प्रयोग करें: दूसरों को दोष देने के बजाय, अपनी भावनाओं और जरूरतों को "मैं" कथनों के माध्यम से व्यक्त करें। उदाहरण के लिए, "मुझे ऐसा लगता है कि आप मेरी बात नहीं सुन रहे हैं" कहने के बजाय, "जब आप मुझे बीच में रोकते हैं तो मुझे ऐसा लगता है कि आप मेरा सम्मान नहीं कर रहे हैं।"

- सक्रिय रूप से सुनें: जब आपका साथी बोल रहा हो, तो ध्यान से सुनें और उनकी बात समझने की कोशिश करें। बीच में न रुकें और अपने पूर्वाग्रहों को दरकिनार रखें।

- स्पष्ट और संक्षिप्त रहें: अपनी बात स्पष्ट और संक्षिप्त रूप से कहें। अनावश्यक विवरणों से बचें और सीधे मुद्दे पर आएं।

- गैर-मौखिक संचार पर ध्यान दें: शब्द आपके संदेश का केवल एक हिस्सा हैं। आपके शरीर की भाषा, चेहरे के भाव और स्वर का अर्थ को प्रभावित करने में महत्वपूर्ण भूमिका होती है।

- प्रतिपुष्टि प्रदान करें: अपने साथी को यह बताएं कि आपने उनकी बात सुन ली है और उनकी बात समझ में आ गई है। आप सिर हिलाकर, आँखों का संपर्क बनाकर, या दोहराकर ऐसा कर सकते हैं कि उन्होंने क्या कहा है।

सहानुभूति का महत्व

सहानुभूति दूसरे व्यक्ति के अनुभवों और भावनाओं को समझने और साझा करने की क्षमता है। यह सफल रिश्तों के लिए एक आवश्यक घटक है।

सहानुभूति के लाभ:

- बढ़ा हुआ विश्वास और अंतरंगता: जब हम सहानुभूति के साथ दूसरों के प्रति प्रतिक्रिया करते हैं, तो इससे विश्वास और अंतरंगता की भावना बढ़ती है। यह हमें एक-दूसरे के साथ अधिक जुड़ा हुआ और समर्थित महसूस कराता है।

- संघर्ष को कम करता है: सहानुभूति हमें दूसरे व्यक्ति के दृष्टिकोण को देखने और उनकी भावनाओं को समझने में मदद करती है। इससे हमें उनके साथ अधिक धैर्य और करुणा के साथ व्यवहार करने में मदद मिलती है, जिससे संघर्ष को कम करने में मदद मिलती है।

- जीवन का अधिक आनंद लेने में मदद करता है: जब हम दूसरों के साथ सच्ची सहानुभूति रखते हैं, तो हम उनके आनंद को अपने साथ साझा कर सकते हैं।

संचार एक रिश्ते का जीवन रक्त है। यह वह तरीका है जिससे हम अपने विचारों, भावनाओं और जरूरतों को एक-दूसरे के साथ साझा करते हैं। प्रभावी संचार के लिए, निम्नलिखित तत्व आवश्यक हैं:

- स्पष्टता: स्पष्ट और संक्षिप्त शब्दों में बोलें। अपने आप को व्यक्त करने से न डरें।

- ईमानदारी: हमेशा ईमानदार और सीधे रहें। झूठ और रहस्य रिश्ते को कमजोर कर सकते हैं।

- सक्रिय सुनना: जब आपका साथी बात कर रहा हो तो पूरा ध्यान दें। उनकी भावनाओं और दृष्टिकोण को समझने की कोशिश करें।

- सम्मान: अपने साथी की बात सुनते समय सम्मानजनक और विनम्र रहें। उनके विचारों और भावनाओं को महत्व दें।

- समझौता: दोनों पक्षों के लिए समाधान निकालने के लिए तैयार रहें। अपनी आवश्यकताओं पर अड़े रहने से बचें।

जब आप प्रभावी ढंग से संवाद करते हैं, तो आप एक-दूसरे को बेहतर समझते हैं, संघर्ष को हल करने में सक्षम होते हैं, और एक मजबूत और अधिक अंतरंग संबंध बनाते हैं।

सहानुभूति:

सहानुभूति का अर्थ है अपने साथी के दृष्टिकोण से चीजों को देखने और उनकी भावनाओं को समझने की क्षमता। यह रिश्ते में करुणा, दया और दया का भाव पैदा करता है। सहानुभूति के लिए, निम्नलिखित तत्व आवश्यक हैं:

- परिप्रेक्ष्य लेना: अपने साथी की स्थिति में खुद को रखने की कोशिश करें। सोचें कि वे कैसा महसूस कर रहे होंगे और उनका दृष्टिकोण क्यों हो सकता है।
- बिना किसी निर्णय के सुनना: अपने साथी की बात बिना किसी रुकावट के सुनें और उनका निर्णय न करें। उनकी भावनाओं को स्वीकार करें, भले ही आप उनसे सहमत न हों।
- प्रतिध्वनि भावनाओं: अपने साथी की भावनाओं को प्रतिबिंबित करें और उन्हें बताएं कि आप समझते हैं कि वे कैसा महसूस कर रहे हैं।
- समर्थन प्रदान करना: अपने साथी को बताएं कि आप उनके लिए हैं और उनकी जरूरत के समय उनका समर्थन करेंगे।

जब आप सहानुभूति रखते हैं, तो आप एक सुरक्षित और सहायक वातावरण बनाते हैं जिसमें आपका साथी अपने विचारों और भावनाओं को खुलकर साझा कर सकता है। यह विश्वास और अंतरंगता को बढ़ाता है और एक मजबूत संबंध बनाने में मदद करता है।

सम्मान:

सम्मान का अर्थ है अपने साथी को एक व्यक्ति के रूप में महत्व देना और उनकी भावनाओं, विचारों और सीमाओं का सम्मान करना। यह रिश्ते में

समानता और स्वायत्तता का भाव पैदा करता है। सम्मान के लिए, निम्नलिखित तत्व आवश्यक हैं:

- पसंद और नापसंद का सम्मान करना: अपने साथी को अपने विचारों, भावनाओं और इच्छाओं को व्यक्त करने का अधिकार दें। भले ही आप उनकी पसंद से सहमत न हों, उनका सम्मान करें।
- सीमाओं का सम्मान करना: अपने साथी की व्यक्तिगत सीमाओं को जानें और उनका सम्मान करें। जब वे कहते हैं "नहीं" या "हाँ" का मतलब है, तो उन पर दबाव न डालें।
- विश्वास बनाए रखना: अपने साथी पर भरोसा करें और उनके कार्यों और निर्णयों का सम्मान करें। ईर्ष्या, नियंत्रण या अविश्वास के माध्यम से अपने साथी को सीमित न करें।
-

Chapter 2: Understanding Love's Expressions

Chapter 2: प्रेम की अभिव्यक्तियों को समझना

प्रेम की विभिन्न अभिव्यक्तियों की खोज

प्रेम एक जटिल भावना है जो विभिन्न रूपों में प्रकट होती है। ये रूप हमारे जीवन के विभिन्न रिश्तों के आधार को बनाते हैं और हमें दूसरों के साथ जुड़ने, उनसे संबंध बनाने और एक सार्थक जीवन जीने में सक्षम बनाते हैं। आइए प्रेम के विभिन्न प्रकारों और उनकी विशेषताओं को देखें:

1. रोमांटिक प्रेम:

यह दो व्यक्तियों के बीच एक भावुक, अंतरंग और शारीरिक संबंध है। रोमांटिक प्रेम में गहरी स्नेह, आकर्षण, प्रतिबद्धता, विश्वास और अंतरंगता शामिल होती है। यह प्रेम एक रोमांचक और तीव्र अनुभव हो सकता है, जो जुनून, रोमांस और यौन आकर्षण से जुड़ा हो सकता है।

विशेषताएं:

- गहरा आकर्षण और स्नेह
- तीव्र भावनाएं
- शारीरिक अंतरंगता और जुनून
- प्रतिबद्धता और विश्वास
- एक दूसरे के जीवन में गहराई से शामिल होने की इच्छा

2. प्लेटोनिक प्रेम:

यह दो व्यक्तियों के बीच एक मजबूत भावनात्मक संबंध है जो किसी भी रोमांटिक या यौन आकर्षण से मुक्त होता है। प्लेटोनिक प्रेम मित्रता, करुणा, विश्वास और समझ पर आधारित होता है। यह एक सुरक्षित और सहायक वातावरण प्रदान करता है जिसमें दोस्त एक-दूसरे के साथ अपने सबसे गहरे विचारों और भावनाओं को साझा कर सकते हैं।

विशेषताएं:

- मजबूत भावनात्मक बंधन
- साझा हित और मूल्य
- करुणा और समर्थन
- ईमानदारी और विश्वास
- एक-दूसरे को चुनौती देने और विकसित करने की इच्छा

3. पारिवारिक प्रेम:

यह माता-पिता, बच्चों, भाई-बहनों, दादा-दादी, और अन्य परिवार के सदस्यों के बीच एक गहरा और स्थायी बंधन है। पारिवारिक प्रेम रक्त संबंध, गोद लेने या विवाह के माध्यम से बनाया जा सकता है। इसमें निष्ठा, समर्थन और प्रेम की भावना शामिल होती है।

विशेषताएं:

- बिना शर्त प्यार और स्वीकृति
- निष्ठा और समर्थन
- एक-दूसरे की भलाई की परवाह करना

- साझा इतिहास और यादें
- जीवन के विभिन्न चरणों में एक-दूसरे का साथ देना

4. स्व-प्रेम:

यह अपने आप को स्वीकार करने, सम्मान करने और मूल्यवान महसूस करने की प्रक्रिया है। स्व-प्रेम आत्म-करुणा, आत्म-स्वीकृति और आत्म-मूल्य की भावनाओं पर आधारित होता है। यह एक स्वस्थ और खुशहाल जीवन जीने के लिए आवश्यक है।

विशेषताएं:

- खुद को स्वीकार करना और सम्मान करना
- अपनी कमियों और खामियों को स्वीकार करना
- अपने लिए दयालु और करुणामय होना
- अपनी सीमाओं को जानना और उनका सम्मान करना
- अपने आप को खुश और पूरा करने के लिए जिम्मेदार होना

5. आध्यात्मिक प्रेम:

यह भगवान या किसी उच्च शक्ति के प्रति गहरा प्रेम और भक्ति है। आध्यात्मिक प्रेम शांति, आनंद और एकता की भावनाओं को जगा सकता है। यह जीवन को अर्थ और उद्देश्य प्रदान कर सकता है।

विशेषताएं:

- भगवान या किसी उच्च शक्ति के प्रति प्रेम और भक्ति
- आध्यात्मिक विकास और ज्ञान की खोज

- प्रेम, करुणा और सेवा की भावना
- आंतरिक शांति और आनंद का अनुभव
- दूसरों के साथ जुड़ाव और एकता की भावना

प्रत्येक प्रकार का प्रेम अद्वितीय है और हमारे जीवन को समृद्ध बनाता है। इन विभिन्न प्रकारों को समझकर, हम अपने रिश्तों को मजबूत कर सकते हैं और दूसरों के साथ अधिक सार्थक संबंध बना सकते हैं। यह याद रखना महत्वपूर्ण है

अपनी और दूसरों की प्रेम भाषा को समझना: मजबूत संबंधों की कुंजी

प्रेम एक सार्वभौमिक भाषा है, लेकिन इसे व्यक्त करने और प्राप्त करने के विभिन्न तरीके हैं। डॉ. गैरी चैपमैन द्वारा विकसित "पांच प्रेम भाषाओं" का सिद्धांत हमें यह समझने में मदद करता है कि हम व्यक्तिगत रूप से प्रेम को कैसे महसूस करते हैं और कैसे दूसरों को प्यार महसूस कराते हैं।

पांच प्रेम भाषाएं हैं:

1. शब्दों का अभिपुष्टि: यह उन लोगों के लिए है जो मौखिक प्रशंसा, प्रोत्साहन और शब्दों के माध्यम से प्यार महसूस करते हैं। उनके लिए, "आई लव यू" कहना, प्रशंसा करना, और धन्यवाद कहना प्रेम के सच्चे संकेत हैं।

2. गुणवत्तापूर्ण समय: यह उन लोगों के लिए है जो एक-दूसरे के साथ अविभाजित ध्यान और उपस्थिति के माध्यम से प्यार महसूस करते हैं। उनके लिए, बातचीत, गतिविधियाँ, या बस एक-दूसरे की कंपनी का आनंद लेने के लिए समय निकालना महत्वपूर्ण है।

3. उपहार प्राप्त करना: यह उन लोगों के लिए है जो दृश्य संकेतों और प्रेम के ठोस टोकन के माध्यम से प्यार महसूस करते हैं। उनके लिए, उपहार एक विचारशील और सार्थक इशारा है जो उनके लिए मूल्य और देखभाल का प्रतिनिधित्व करता है।

4. सेवा के कार्य: यह उन लोगों के लिए है जो कार्यों और व्यवहार के माध्यम से प्यार महसूस करते हैं। उनके लिए, कामों को चलाना, घर के कामों में मदद करना, या बस उनकी जरूरतों को पूरा करने के लिए तैयार रहना प्रेम के सच्चे संकेत हैं।

5. शारीरिक स्पर्श: यह उन लोगों के लिए है जो स्पर्श और शारीरिक स्नेह के माध्यम से प्यार महसूस करते हैं। उनके लिए, गले लगाना, पकड़ना, चुंबन करना और शारीरिक संपर्क के अन्य रूप प्यार और अंतरंगता को बढ़ावा देते हैं।

अपनी प्रेम भाषा को जानना:

अपनी प्रेम भाषा को जानने के लिए कुछ आत्म-प्रतिबिंब की आवश्यकता होती है। आप खुद से पूछ सकते हैं:

- आपको सबसे अधिक किस प्रकार का प्यार महसूस कराता है?
- आप दूसरों को प्यार दिखाने के लिए क्या करना पसंद करते हैं?
- आप किन चीजों को मिस करते हैं जब आपको पर्याप्त प्यार नहीं मिल रहा है?

एक बार जब आप अपनी प्रेम भाषा की पहचान कर लेते हैं, तो आप अपनी आवश्यकताओं को दूसरों के साथ स्पष्ट रूप से बता सकते हैं। आप दूसरों को यह समझने में भी मदद कर सकते हैं कि आप कैसा महसूस करते हैं और आप किस तरह से प्यार दिखाते हैं।

दूसरों की प्रेम भाषा को समझना:

अपने प्रियजनों की प्रेम भाषा को समझना भी उतना ही महत्वपूर्ण है। आप इस बारे में उनसे बात करके, उनके व्यवहार को देखकर, और उनकी जरूरतों पर ध्यान देकर ऐसा कर सकते हैं।

अपनी और दूसरों की प्रेम भाषा को समझकर, आप एक-दूसरे की भावनात्मक जरूरतों को पूरा कर सकते हैं और मजबूत, अधिक प्यार भरे संबंध बना सकते हैं। यह याद रखना महत्वपूर्ण है कि प्रेम भाषाएं एक-

दूसरे को छोड़कर नहीं होती हैं। हम अक्सर कई प्रेम भाषाओं के संयोजन से प्यार महसूस करते हैं। कुंजी यह है कि आप अपनी और दूसरों की आवश्यकताओं को समझें और अपने प्रेम को व्यक्त करने के लिए विभिन्न तरीकों का उपयोग करें।

यहाँ कुछ सुझाव हैं कि आप प्रेम भाषाओं को अपने रिश्तों में कैसे लागू कर सकते हैं:

- अपनी प्रेम भाषा के बारे में अपने साथी से बात करें।
- उनसे उनकी प्रेम भाषा के बारे में पूछें।
- उन संकेतों पर ध्यान दें जो वे आपको प्यार दिखा रहे हैं।
- उनके लिए प्यार व्यक्त करने के लिए उनकी प्रेम भाषा का उपयोग करें।
- अपनी और उनकी आवश्यकताओं को पूरा करने के लिए एक साथ काम करें।

प्रेम एक सार्वभौमिक भाषा है, लेकिन इसे व्यक्त करने और प्राप्त करने के कई तरीके हैं। डॉ. गैरी चैपमैन ने "द 5 लव लैंग्वेज" नामक पुस्तक में पांच मुख्य प्रेम भाषाओं की पहचान की: शब्दों का आश्वासन, गुणवत्तापूर्ण समय, प्राप्त उपहार, सेवा के कार्य और शारीरिक स्पर्श। हर व्यक्ति इनमें से एक या अधिक भाषाओं में प्यार को व्यक्त करना और प्राप्त करना पसंद करता है।

अपनी प्रेम भाषा को पहचानना:

अपनी प्रेम भाषा को समझना आपके रिश्तों को सुधारने के लिए एक महत्वपूर्ण कदम है। यह आपको यह पहचानने में मदद करता है कि आप किस तरह का प्यार पाने के लिए तरसते हैं और दूसरों को प्यार दिखाने के

लिए सबसे अच्छा तरीका क्या है। अपनी प्रेम भाषा को पहचानने के लिए, निम्नलिखित प्रश्नों पर विचार करें:

- आपको कैसा महसूस होता है जब कोई आपको "आई लव यू" या "आप बहुत खास हैं" जैसे शब्द कहता है?
- क्या आप उस समय को महत्व देते हैं जो लोग आपके साथ बिताते हैं, भले ही वे कुछ खास न कर रहे हों?
- क्या आप उपहारों को प्यार के टोकन के रूप में देखते हैं, भले ही वे महंगे न हों?
- क्या आप उन छोटे कामों को पसंद करते हैं जो दूसरों को आपकी मदद करने के लिए करते हैं?
- क्या आप शारीरिक स्पर्श, जैसे गले लगाना और हाथ पकड़ना, को प्यार के संकेत के रूप में देखते हैं?

जिन उत्तरों पर आप बार-बार लौटते हैं, वे संकेत हो सकते हैं कि कौन सी प्रेम भाषा आपके लिए सबसे महत्वपूर्ण है।

दूसरों की प्रेम भाषाओं को समझना:

अपने प्रियजनों की प्रेम भाषाओं को समझना उतना ही महत्वपूर्ण है जितना कि अपनी खुद की समझना। यह आपको उनके प्यार को स्वीकार करने और उन्हें प्यार दिखाने के तरीके पर जानकारी देता है। उनकी प्रेम भाषाओं को समझने के लिए, निम्नलिखित युक्तियों का उपयोग करें:

- ध्यान दें: उनके शब्दों और कार्यों पर ध्यान दें। वे किस तरह का प्यार करने के बारे में बात करते हैं? वे किस तरह के प्यार को दूसरों को दिखाते हैं?

- प्रश्न पूछें: सीधे उनसे पूछें कि वे किस तरह का प्यार पाने के लिए तरसते हैं। "आप मुझे कैसे प्यार करते हैं?" जैसा एक सरल प्रश्न आपको बहुत सारी जानकारी दे सकता है।

- उनका निरीक्षण करें: देखें कि वे किस तरह के प्यार के टोकन को सबसे ज्यादा महत्व देते हैं। क्या वे आपके द्वारा लिखे गए पत्रों को रखते हैं? क्या वे आपके साथ बिताए गए समय को संजोते हैं? क्या उन्हें छोटे उपहार मिलना पसंद है? क्या वे सहायता के लिए आप पर भरोसा करते हैं? क्या उनका शारीरिक स्पर्श आपके साथ प्यार का संकेत है?

- उनके प्यार को उनकी भाषा में लौटाएं: एक बार जब आप उनकी प्रेम भाषा को समझ जाते हैं, तो उनकी भाषा में प्यार दिखाने का प्रयास करें। इससे उन्हें एहसास होगा कि आप उनकी परवाह करते हैं और आप उन्हें प्यार करते हैं।

5 प्रेम भाषाएं:

- शब्दों का आश्वासन: इस प्रेम भाषा वाले लोग मौखिक प्रशंसा, स्नेहपूर्ण शब्द, प्रोत्साहन और आश्वासन के शब्दों के माध्यम से प्यार महसूस करते हैं।

- गुणवत्तापूर्ण समय: इस प्रेम भाषा वाले लोग एक-दूसरे के साथ बिताए जाने वाले अविभाजित समय को महत्व देते हैं। उनके लिए, ध्यान और उपस्थिति प्यार के महत्वपूर्ण संकेत हैं।

- प्राप्त उपहार: इस प्रेम भाषा वाले लोग उपहारों को प्यार और सोच का प्रतीक मानते हैं। यह जरूरी नहीं है कि उपहार महंगे हों, लेकिन वे विचारशील और व्यक्तिगत होने चाहिए।

प्रेम को प्रभावी ढंग से व्यक्त करने और दूसरों की जरूरतों को समझने में संचार की भूमिका

प्रेम एक शक्तिशाली भावना है, लेकिन इसे व्यक्त करना और दूसरों को महसूस कराना हमेशा आसान नहीं होता है। सार्थक और स्थायी रिश्ते बनाने के लिए, प्रभावी संचार आवश्यक है। यह हमें अपनी भावनाओं, इच्छाओं और जरूरतों को स्पष्ट रूप से व्यक्त करने और दूसरों को समझने में सक्षम बनाता है।

प्रेम को प्रभावी ढंग से व्यक्त करने के लिए संचार की भूमिका:

ईमानदारी और स्पष्टता: अपनी भावनाओं और जरूरतों के बारे में ईमानदार रहें। अप्रत्यक्ष संकेतों का उपयोग करने से बचें और जो आप कहना चाहते हैं उसे स्पष्ट रूप से बताएं।

सक्रिय सुनना: जब आपका साथी बात कर रहा हो तो ध्यान से सुनें। उनके शब्दों और भावनाओं को न केवल सुनें, बल्कि समझने का प्रयास करें।

सहानुभूति: अपने साथी के दृष्टिकोण से चीजों को देखने और उनकी भावनाओं को समझने का प्रयास करें। उनके अनुभव को मान्य करें और उनके साथ सहानुभूति रखें।

प्रशंसा और स्नेह: अपने साथी की सराहना करें और उन्हें बताएं कि आप उनकी कितनी परवाह करते हैं। मौखिक प्रशंसा, स्नेहपूर्ण शब्द और प्यार भरे इशारे का प्रयोग करें।

उपयुक्त समय और स्थान चुनना: महत्वपूर्ण बातचीत करने के लिए उपयुक्त समय और स्थान चुनें। जब आप दोनों शांत और तनावमुक्त हों, तब बात करें। किसी भी बड़े फैसले लेने से पहले एक-दूसरे के नजरिए को समझने का प्रयास करें।

दूसरों की जरूरतों को समझने में संचार की भूमिका:

- दूसरों को सुनने के लिए खुला रहें: अपने साथी को अपनी भावनाओं, विचारों और जरूरतों को आपसे साझा करने के लिए प्रोत्साहित करें। बिना किसी निर्णय के सुनें और उनका सम्मान करें।

- प्रश्न पूछें: अपने साथी से उनकी जरूरतों के बारे में सीधे पूछें। समझने की कोशिश करें कि उन्हें क्या खुश और पूरा करता है।

- उनकी गैर-मौखिक संचार पर ध्यान दें: लोग हमेशा सीधे नहीं कहते कि वे क्या महसूस कर रहे हैं। उनके शरीर की भाषा और चेहरे के भावों पर ध्यान दें।

- अपनी धारणाओं को जांचें: कभी-कभी हम दूसरों के बारे में धारणाएँ बनाते हैं जो सच नहीं होती हैं। सुनिश्चित करें कि आप समझने से पहले मान ले रहे हैं।

- सहानुभूति रखें: अपने साथी के दृष्टिकोण से चीजों को देखने की कोशिश करें और उनके अनुभव को मान्य करें। उनके साथ सहानुभूति रखें और उनकी भावनाओं को समझने का प्रयास करें।

संचार में सुधार के लिए युक्तियाँ:

- "मैं" वाक्यों का प्रयोग करें: अपने साथी को दोष देने या आरोप लगाने के बजाय, अपनी भावनाओं और जरूरतों को "मैं" वाक्यों के माध्यम से व्यक्त करें।

- "नहीं" कहना सीखें: अपनी सीमाओं को जानें और उन्हें सम्मानपूर्वक व्यक्त करने से न डरें।

- क्षमा करें और आगे बढ़ें: हर कोई गलतियाँ करता है। क्षमा करना और आगे बढ़ने के लिए तैयार रहें।

- मज़े करो! संचार को हल्का और मजेदार रखें। साथ हंसने और मस्ती करने के लिए समय निकालें।

प्रभावी संचार आपकी प्रेमपूर्ण भावनाओं को व्यक्त करने और अपने साथी को खुश और पूरा महसूस कराने के लिए आवश्यक है। यह एक महत्वपूर्ण कौशल है जिसे समय और अभ्यास के साथ विकसित किया जा सकता है। अपने संचार कौशल में सुधार करने के लिए प्रतिबद्ध होकर, आप अपने रिश्तों को मजबूत बना सकते हैं और उन लोगों के साथ सार्थक संबंध बना सकते हैं जिनकी आप परवाह करते हैं।

संचार एक पुल है जो हमें दूसरों से जोड़ता है और हमें अपने विचारों, भावनाओं और जरूरतों को एक-दूसरे के साथ साझा करने में सक्षम बनाता है। प्रभावी संचार प्यार भरे रिश्तों की नींव है और दूसरों को प्यार महसूस कराने के लिए आवश्यक है।

प्यार को प्रभावी ढंग से व्यक्त करने के लिए संचार की भूमिका:

- अपनी भावनाओं को व्यक्त करना: प्यार शब्दों से अधिक है, लेकिन शब्दों के माध्यम से अपनी भावनाओं को व्यक्त करना आवश्यक है। अपने साथी को बताएं कि आप उनसे कितना प्यार करते हैं और उनकी प्रशंसा क्यों करते हैं।

- अपनी जरूरतों को व्यक्त करना: अपने साथी को बताएं कि आपको प्यार महसूस करने के लिए क्या चाहिए। क्या आप उन्हें विशेष रूप से अधिक बताना चाहते हैं कि आप कितने खास हैं? क्या आप चाहते हैं कि वे आपको अधिक समय दें? अपनी जरूरतों को व्यक्त करने से आपका रिश्ता मजबूत हो सकता है।

- सक्रिय रूप से सुनना: जब आपका साथी बात कर रहा हो तो पूरा ध्यान दें। उनकी बातों को सुनें और उनकी भावनाओं को समझने की कोशिश करें।

- खुले तौर पर संवाद करना: अपने साथी को अपनी भावनाओं, विचारों और जरूरतों के बारे में खुले तौर पर और ईमानदारी से बताएं। रहस्य और झूठ से बचें।

- **सम्मानजनक और विनम्र रहें:** अपने साथी के साथ सम्मानजनक और विनम्र तरीके से बात करें। भले ही आप असहमत हों, उनका सम्मान करें और उनके विचारों को महत्व दें।

दूसरों की जरूरतों को समझना:

प्यार करने का मतलब सिर्फ अपनी भावनाओं को व्यक्त करना ही नहीं है, बल्कि दूसरों की जरूरतों को समझना भी है। प्रत्येक व्यक्ति को प्यार महसूस करने के लिए अलग-अलग चीजों की जरूरत होती है। दूसरों की जरूरतों को समझने के लिए, निम्नलिखित युक्तियों का उपयोग करें:

- **ध्यान दें:** अपने साथी के शब्दों और कार्यों पर ध्यान दें। वे किस तरह का प्यार करने के बारे में बात करते हैं? वे किस तरह के प्यार को दूसरों को दिखाते हैं?
- **प्रश्न पूछें:** उनसे सीधे पूछें कि उन्हें प्यार महसूस करने के लिए क्या चाहिए। "आप मुझे कैसे प्यार करते हैं?" जैसा एक सरल प्रश्न आपको बहुत सारी जानकारी दे सकता है।
- **उनकी भावनाओं को पहचानें:** अपने साथी की भावनाओं को पहचानने और समझने की कोशिश करें। क्या वे खुश हैं, उदास हैं, या गुस्से में हैं? उनकी भावनाओं को समझने से आप उनकी जरूरतों को पूरा करने के लिए बेहतर तरीके से तैयार हो सकते हैं।
- **उनकी जरूरतों को पूरा करने का प्रयास करें:** एक बार जब आप अपने साथी की जरूरतों को समझ जाते हैं, तो उन्हें पूरा करने का प्रयास करें। इससे उन्हें एहसास होगा कि आप उनकी परवाह करते हैं और आप उन्हें प्यार करते हैं।

संचार के सुझाव:

- "मैं" कथनों का प्रयोग करें: अपने साथी को यह बताएं कि आप कैसा महसूस करते हैं, न कि उन पर आरोप लगाएं। "मैं दुखी हूँ जब तुम..." जैसे वाक्यों का प्रयोग करें, न कि "तुम हमेशा..."
- निर्णय से बचें: अपने साथी को जज न करें। उनकी बातों को सुनें और कोशिश करें कि उनके दृष्टिकोण को समझें।

प्रेमपूर्ण संबंधों में चुनौतियों और संघर्षों का सामना करने के स्वस्थ तरीके

प्रेम एक सुंदर और सार्थक अनुभव है, लेकिन यह चुनौतियों और संघर्षों से मुक्त भी नहीं है। मतभेद, गलतफहमी और असहमति किसी भी रिश्ते का एक स्वाभाविक हिस्सा हैं। इन चुनौतियों को कैसे दूर किया जाए, यह तय करता है कि आपका रिश्ता मजबूत होता है या टूट जाता है।

स्वस्थ तरीके से चुनौतियों और संघर्षों का सामना करने के लिए यहां कुछ सुझाव दिए गए हैं:

1. प्रभावी ढंग से संवाद करें:

- अपनी भावनाओं को स्पष्ट रूप से और ईमानदारी से व्यक्त करें।
- अपने साथी को सुनें और उनकी भावनाओं को समझने की कोशिश करें।
- आरोप लगाने और दोष देने से बचें।
- एक दूसरे को सम्मान और विनम्रता के साथ बात करें।
- समझौता करने और समाधान खोजने के लिए तैयार रहें।

2. सक्रिय रूप से सुनें:

- जब आपका साथी बात कर रहा हो तो पूरा ध्यान दें।
- उनकी बातों को बीच में न काटें और न ही उन्हें जज करें।
- उनकी भावनाओं को समझने की कोशिश करें और उनकी बातों को दोहराकर दिखाएं कि आप सुन रहे हैं।
- अपनी प्रतिक्रिया देने से पहले उनकी बात पूरी तरह सुन लें।

3. अपनी सीमाओं को जानें और उनका सम्मान करें:

यह जानना आवश्यक है कि आप कहां तक सहन कर सकते हैं और कहां नहीं।

अपनी सीमाओं को पार करने से बचें और अपने साथी को भी अपनी सीमाओं का सम्मान करने के लिए कहें।

यदि आप असहज हैं या असहमत हैं तो "नहीं" कहने का अधिकार आपके पास है।

4. समस्याओं को सुलझाने में समय और प्रयास लगाएं:

समस्याओं को टालने से बचें।

एक शांत और सम्मानजनक वातावरण में बैठकर समस्याओं के बारे में बात करें।

समस्या की जड़ तक पहुंचने की कोशिश करें और समाधान खोजें जो दोनों पक्षों के लिए काम करे।

समस्या के समाधान के लिए एक साथ काम करने के लिए तैयार रहें।

5. क्षमा करें और आगे बढ़ें:

हर कोई गलतियाँ करता है।

यदि आपका साथी आपसे माफी मांगता है, तो उन्हें क्षमा करने के लिए तैयार रहें।

क्षमा करने का मतलब यह नहीं है कि आप भूल जाते हैं कि क्या हुआ है, इसका मतलब है कि आप इसे जाने देते हैं और आगे बढ़ते हैं।

गलतियों को बार-बार न दोहराएं।

6. पेशेवर मदद लें:

- यदि आप अपने दम पर चुनौतियों और संघर्षों का समाधान नहीं कर पा रहे हैं, तो पेशेवर मदद लेने में संकोच न करें।
- एक युगल चिकित्सक आपको संचार कौशल विकसित करने, समस्याओं को हल करने और अपने रिश्ते को मजबूत करने में मदद कर सकता है।

7. खुद को और अपने साथी का ख्याल रखें:

- स्वस्थ भोजन करना, नियमित रूप से व्यायाम करना और पर्याप्त नींद लेना महत्वपूर्ण है।
- अपने लिए समय निकालें और अपनी पसंद की चीजें करें।
- अपने साथी का भी ख्याल रखें और उन्हें दिखाएं कि आप उनकी परवाह करते हैं।

8. आशावादी और सकारात्मक बने रहें:

- भले ही चीजें कठिन हों, आशावादी रहें और विश्वास करें कि आप अपने रिश्ते को बेहतर बना सकते हैं।
- अपनी गलतियों से सीखें और आगे बढ़ने के लिए अपने रिश्ते में सकारात्मक बदलाव करें।

Chapter 3: Cultivating Intimacy

Chapter 3: गहरी अंतरंगता का निर्माण

अंतरंगता का अन्वेषण: भावनात्मक, शारीरिक, बौद्धिक और आध्यात्मिक आयाम

अंतरंगता एक बहुआयामी अवधारणा है जिसमें विभिन्न प्रकार के संबंध शामिल हैं। यह प्यार, विश्वास, सुरक्षा और जुड़ाव की भावना पैदा करती है। अंतरंगता को चार प्रमुख आयामों में विभाजित किया जा सकता है: भावनात्मक, शारीरिक, बौद्धिक और आध्यात्मिक।

1. भावनात्मक अंतरंगता:

भावनात्मक अंतरंगता हमारे सबसे गहरे विचारों, भावनाओं और अनुभवों को एक-दूसरे के साथ साझा करने की क्षमता है। यह विश्वास, समझ, स्वीकृति और करुणा पर आधारित है। भावनात्मक रूप से अंतरंग संबंध हमें कमजोर और असुरक्षित महसूस करने के लिए सुरक्षित स्थान प्रदान करते हैं और हमें अपने सच्चे स्वयं को प्रकट करने की अनुमति देते हैं।

2. शारीरिक अंतरंगता:

शारीरिक अंतरंगता स्पर्श, शारीरिक निकटता और सेक्सुअलिटी के माध्यम से जुड़ने के बारे में है। यह गले लगाने, हाथ पकड़ने, मालिश करने और एक-दूसरे को छूने के सरल कृत्यों के माध्यम से व्यक्त किया जा सकता है। शारीरिक अंतरंगता हमें एक-दूसरे से जुड़ा और सुरक्षित महसूस करने में मदद करती है और रोमांस, जुनून और आनंद की भावना पैदा कर सकती है।

3. बौद्धिक अंतरंगता:

बौद्धिक अंतरंगता विचारों, मूल्यों, विश्वासों और रुचियों को साझा करने की क्षमता है। यह खुले दिमाग, सम्मान और आपसी समझ पर आधारित है। बौद्धिक रूप से अंतरंग संबंध हमें एक दूसरे को चुनौती देने, प्रेरित करने और एक दूसरे के साथ बौद्धिक रूप से विकसित होने में मदद करते हैं।

4. आध्यात्मिक अंतरंगता:

आध्यात्मिक अंतरंगता अपने सच्चे स्वयं को पहचानने और एक उच्च शक्ति के साथ जुड़ने की क्षमता है। यह प्रार्थना, ध्यान, प्रकृति में समय बिताने और सेवा करने जैसे आध्यात्मिक अभ्यासों के माध्यम से विकसित किया जा सकता है। आध्यात्मिक अंतरंगता हमें शांति, आनंद और उद्देश्य की भावना देती है और हमें अपने जीवन में अर्थ खोजने में मदद करती है।

अंतरंगता के लाभ:

- भावनात्मक रूप से स्वस्थ रहने में मदद करता है
- तनाव और चिंता को कम करता है
- आत्मविश्वास और आत्मसम्मान बढ़ाता है
- रिश्तों को मजबूत और अधिक सार्थक बनाता है
- खुशी और जीवन संतुष्टि को बढ़ाता है

अंतरंगता को बढ़ाने के टिप्स:

- एक दूसरे के प्रति खुले और ईमानदार रहें।
- अपनी भावनाओं और विचारों को एक-दूसरे के साथ साझा करें।

- सक्रिय रूप से एक दूसरे को सुनें।
- एक-दूसरे का समर्थन और प्रोत्साहन करें।
- एक-दूसरे के लिए समय निकालें।
- अपने जीवन में अंतरंगता के सभी आयामों को शामिल करें।

अंतरंगता एक सार्थक और पूरा जीवन जीने के लिए आवश्यक है। यह हमें प्यार, विश्वास, सुरक्षा और जुड़ाव की भावना प्रदान करता है। अपने जीवन में अंतरंगता के सभी आयामों को विकसित करने के लिए प्रयास करने से आपका जीवन खुशियों से भर जाएगा और आप अधिक संपूर्ण व्यक्ति बन पाएंगे।

आत्म-चिंतन के लिए प्रश्न:

- आप अपने जीवन में अंतरंगता के प्रत्येक आयाम को कैसे अनुभव करते हैं?
- आप अपने रिश्तों में अधिक अंतरंगता कैसे विकसित कर सकते हैं?
- अंतरंगता आपके लिए क्या मायने रखती है?
- आप अपने जीवन में अंतरंगता को और कैसे बढ़ा सकते हैं?

अंतरंगता के निर्माण में कमजोरता और विश्वास का महत्व

प्रेमपूर्ण संबंधों के मूल में कमजोरता और विश्वास का होना आवश्यक है। ये दोनों अवधारणाएं एक-दूसरे से जुड़ी हुई हैं और अंतरंगता के निर्माण में महत्वपूर्ण भूमिका निभाती हैं।

कमजोरता का क्या अर्थ है?

कमजोरता का मतलब है अपनी दीवारों को गिराना, अपने सबसे गहरे विचारों और भावनाओं को साझा करना, और किसी पर भरोसा करना कि वह आपको बिना शर्त स्वीकार करेगा। यह असहज और डरावना हो सकता है, लेकिन यह अंतरंगता के निर्माण के लिए आवश्यक है।

कमजोरता क्यों महत्वपूर्ण है?

कमजोरता हमें वास्तविक और प्रामाणिक संबंध बनाने में सक्षम बनाती है। जब हम अपने सच्चे स्वयं को दूसरों के सामने प्रकट करते हैं, तो हम उन्हें हमें गहराई से जानने और एक सार्थक संबंध स्थापित करने का अवसर देते हैं।

विश्वास का क्या अर्थ है?

विश्वास का मतलब है कि आप किसी को अपने सबसे गहरे रहस्य, आशंकाएं और इच्छाएं बता सकते हैं। यह सुनिश्चित करने में विश्वास है कि वे आपको नुकसान नहीं पहुंचाएंगे और आपके साथ धोखा नहीं करेंगे।

विश्वास क्यों महत्वपूर्ण है?

विश्वास अंतरंगता के लिए आवश्यक नींव रखता है। जब हम किसी पर भरोसा करते हैं, तो हम सुरक्षित महसूस करते हैं और खुद को उनके प्रति

खोलने के लिए तैयार होते हैं। यह हमें कमजोर होने और अपने सच्चे स्वयं को प्रकट करने की अनुमति देता है।

कमजोरता और विश्वास कैसे जुड़े हुए हैं?

कमजोरता और विश्वास एक-दूसरे के पूरक हैं। एक के बिना, दूसरे का होना मुश्किल है। जब हम कमजोर होते हैं, तो हम विश्वास का निर्माण करते हैं। जब हम किसी पर भरोसा करते हैं, तो हम अधिक सहज महसूस करते हैं कि उनके सामने कमजोर हों।

अंतरंगता बनाने के लिए कमजोरता और विश्वास कैसे बढ़ाएं?

अपने आप को जानें और स्वीकार करें। इससे आपको दूसरों के सामने कमजोर होने में अधिक सहज महसूस करने में मदद मिलेगी।

सही लोगों को चुनें। उन लोगों के साथ समय बिताएं जो भरोसेमंद, समझदार और सहायक हों।

छोटे शुरू करें। आपको अपनी सबसे गहरी बातें एक ही बार में साझा करने की ज़रूरत नहीं है। धीरे-धीरे शुरू करें और देखें कि आप कैसा महसूस करते हैं।

सक्रिय रूप से सुनें। जब कोई आपके साथ कमजोर हो रहा है, तो उनका ध्यानपूर्वक सुनें और उन्हें अपना समर्थन दें।

भरोसेमंद बनें। जब कोई आपके साथ कोई बात शेयर करता है, तो उसे गुप्त रखें।

अपनी गलतियों से सीखें। हर कोई कभी-कभी गलतियाँ करता है। क्षमा मांगने और आगे बढ़ने के लिए तैयार रहें।

धैर्य रखें। विश्वास और अंतरंगता बनाने में समय लगता है। निराश न हों और प्रक्रिया पर ध्यान दें।

कमजोरता और विश्वास को बढ़ावा देना आसान नहीं है, लेकिन यह प्रयास के लायक है। जब आप ऐसा करते हैं, तो आप गहरे, अधिक सार्थक संबंध विकसित करने में सक्षम होते हैं जो आपके जीवन को खुशी और अर्थ से भर देते हैं।

आत्म-चिंतन के लिए प्रश्न:

- आप कमजोर होने में कितने सहज हैं?
- क्या आप दूसरों पर भरोसा करना आसान पाते हैं?
- आप अपने जीवन में कमजोरता और विश्वास को कैसे बढ़ा सकते हैं?
- अंतरंगता आपके लिए क्या मायने रखती है?
- आप अपने रिश्तों में अंतरंगता को कैसे बढ़ा सकते हैं?

अंतरंगता की नींव: भेद्यता और विश्वास

प्रेमपूर्ण संबंधों की नींव मजबूत करने के लिए, सबसे पहले अपने आप को गहराई से समझना आवश्यक है। इसका मतलब है अपनी भावनाओं, जरूरतों, और इच्छाओं के बारे में पूरी तरह से जागरूक होना और यह पहचानना कि आप किस तरह के रिश्तों में सबसे अच्छा पनपते हैं।

स्वस्थ संबंधों के लिए आत्म-जागरूकता का महत्व:

- स्वस्थ सीमाएं बनाना: जब आप अपनी आवश्यकताओं और सीमाओं को समझते हैं, तो आप स्वस्थ सीमाएं निर्धारित करने में सक्षम होते हैं और दूसरों को भी उनका सम्मान करने के लिए प्रोत्साहित करते हैं।
- संचार में सुधार: आत्म-जागरूकता आपको अपनी भावनाओं और जरूरतों को स्पष्ट रूप से व्यक्त करने में मदद करती है। यह

गलतफहमी और संघर्ष को कम करता है और आपके रिश्तों को मजबूत बनाता है।

- आत्मविश्वास बढ़ाना: जब आप जानते हैं कि आप कौन हैं और क्या चाहते हैं, तो आप अधिक आत्मविश्वास और आत्मसम्मान विकसित करते हैं। यह आपको स्वस्थ, पारस्परिक संबंध बनाने के लिए अधिक तैयार करता है।

- अपनी जरूरतों को पूरा करना: स्वस्थ संबंध केवल तभी फलते-फूलते हैं जब आपकी अपनी आवश्यकताएं पूरी होती हैं। जब आप अपनी आवश्यकताओं को समझते हैं, तो आप उन्हें अपने रिश्तों में व्यक्त कर सकते हैं और अपने आप को खुश रहने के लिए जिम्मेदार ठहरा सकते हैं।

स्वस्थ संबंधों के लिए आत्म-जागरूकता का उपयोग करना:

- संचार में सुधार: अपनी भावनाओं और जरूरतों को स्पष्ट रूप से और ईमानदारी से व्यक्त करें। अपने साथी को भी ऐसा करने के लिए प्रोत्साहित करें।

- स्वस्थ सीमाएं निर्धारित करें: दूसरों के साथ बातचीत करते समय अपनी आवश्यकताओं और सीमाओं को स्पष्ट रूप से बताएं। जब कोई आपकी सीमाओं का सम्मान नहीं करता है, तो उस पर कार्रवाई करने में संकोच न करें।

- संघर्ष को प्रभावी ढंग से हल करें: अपने साथी के साथ शांत और सम्मानजनक तरीके से अपनी चिंताओं को व्यक्त करें। सुनने और समझने के लिए तैयार रहें।

- अपनी जरूरतों को पूरा करें: अपने साथी से अपनी आवश्यकताओं को पूरा करने की अपेक्षा न करें। अपने लिए खुश रहने और अपनी आवश्यकताओं को पूरा करने के लिए जिम्मेदार बनें।

- आत्म-देखभाल का अभ्यास करें: अपनी शारीरिक और मानसिक भलाई का ध्यान रखें। स्वस्थ भोजन करना, नियमित रूप से व्यायाम करना और पर्याप्त नींद लेना महत्वपूर्ण है।

- अपनी सीमाओं को जानें: अपनी क्षमताओं और सीमाओं को जानें। जब आप कुछ देने में असमर्थ हों तो 'नहीं' कहने के लिए तैयार रहें।

- प्रतिदिन कुछ समय आत्म-चिंतन के लिए निकालें: अपने विचारों, भावनाओं और कार्यों को प्रतिबिंबित करने के लिए समय निकालें।

- पेशेवर मदद लें: यदि आपको अपने आप को समझने में कठिनाई हो रही है या आप स्वस्थ संबंध बनाने के लिए संघर्ष कर रहे हैं, तो पेशेवर मदद लेने में संकोच न करें।

भेद्यता का महत्व:

भेद्यता का अर्थ है अपने आप को पूरी तरह से दूसरे व्यक्ति के सामने प्रकट करना। इसका मतलब है अपनी कमजोरियों, असुरक्षाओं और खामियों को साझा करना। हालांकि, यह आसान नहीं है, भेद्यता आपके रिश्तों में गहराई से जुड़ने के लिए आवश्यक है।

अंतरंगता का पनपना: एक सुरक्षित और सहायक वातावरण का निर्माण

अंतरंगता किसी भी सार्थक संबंध का एक अनिवार्य हिस्सा है। यह हमें अपने साथी के साथ जुड़ने, प्यार महसूस करने और एक मजबूत बंधन बनाने में मदद करता है। हालांकि, अंतरंगता एक नाजुक चीज है और इसे पनपने के लिए एक सुरक्षित और सहायक वातावरण की आवश्यकता होती है।

सुरक्षित और सहायक वातावरण के आवश्यक तत्व:

1. विश्वास: विश्वास किसी भी अंतरंग संबंध का आधार है। जब आप अपने साथी पर भरोसा करते हैं, तो आप सुरक्षित और असुरक्षित महसूस करते हैं, जो भेद्यता और खुलेपन को प्रोत्साहित करता है। विश्वास बनाने के लिए, ईमानदारी, सत्यनिष्ठा और पारदर्शिता का अभ्यास करना आवश्यक है।

2. सम्मान: अंतरंगता केवल तभी फलती-फूलती है जब दोनों साथी एक-दूसरे का सम्मान करते हैं। इसका मतलब है कि एक-दूसरे की भावनाओं, विचारों, राय और सीमाओं को स्वीकार करना। सम्मान के बिना, भेद्यता और खुलापन संभव नहीं है।

3. स्वीकृति: अंतरंगता को पनपने के लिए स्वीकृति आवश्यक है। इसका मतलब है कि अपने साथी को उसी तरह स्वीकार करना जैसा वह है, उसकी खामियों और खामियों सहित। जब आप अपने साथी को बिना शर्त स्वीकार करते हैं, तो वे सुरक्षित और मूल्यवान महसूस करते हैं।

4. संचार: स्वस्थ संचार अंतरंगता के लिए आवश्यक है। इसका मतलब है कि अपनी भावनाओं, विचारों और जरूरतों को स्पष्ट और ईमानदारी से व्यक्त करना। यह सुनने और समझने के लिए भी तैयार है। जब आप

प्रभावी ढंग से संवाद करते हैं, तो गलतफहमी और संघर्ष कम होते हैं, जिससे अंतरंगता को बढ़ावा मिलता है।

5. सीमाओं का सम्मान: स्वस्थ सीमाएं किसी भी अंतरंग संबंध का एक महत्वपूर्ण हिस्सा हैं। सीमाएं हमें अपने लिए खड़े होने और उन चीजों की रक्षा करने में सक्षम बनाती हैं जो हमारे लिए महत्वपूर्ण हैं। जब आप और आपका साथी दोनों एक दूसरे की सीमाओं का सम्मान करते हैं, तो आप एक सुरक्षित और सहायक वातावरण बनाते हैं।

6. समर्थन: अंतरंगता को पनपने के लिए समर्थन आवश्यक है। इसका मतलब है कि अपने साथी के लक्ष्यों और सपनों का समर्थन करना और उन्हें कठिन समय में भी प्रोत्साहित करना। जब आप अपने साथी का समर्थन करते हैं, तो वे जानते हैं कि आप उनके लिए हैं और यह उन्हें सुरक्षित और प्यार महसूस कराता है।

7. स्वतंत्रता: अंतरंगता को पनपने के लिए स्वतंत्रता भी आवश्यक है। इसका मतलब है कि एक-दूसरे को व्यक्तिगत रूप से बढ़ने और विकसित होने के लिए जगह देना। जब आप अपने साथी को स्वतंत्रता देते हैं, तो वे अपने जुनून का पालन कर सकते हैं और अपने आप के सबसे अच्छे संस्करण बन सकते हैं।

8. शारीरिक और भावनात्मक सुरक्षा: अंतरंगता के लिए शारीरिक और भावनात्मक सुरक्षा आवश्यक है। इसका मतलब है कि एक ऐसे वातावरण का निर्माण करना जहां आपका साथी शारीरिक या भावनात्मक रूप से चोट नहीं पहुंचाता है। जब आप अपने साथी को सुरक्षित महसूस कराते हैं, तो वे खुले और कमजोर होने में अधिक सहज महसूस करते हैं।

सुरक्षित और सहायक वातावरण बनाने के लिए युक्तियाँ:

- अपने साथी के साथ ईमानदार और पारदर्शी रहें।

- अपने साथी के साथ सम्मान और करुणा से पेश आएं।
- अपने साथी को उनके लिए जो हैं उन्हें स्वीकार करें।
- अपनी भावनाओं और जरूरतों को स्पष्ट रूप से व्यक्त करें।
- सक्रिय रूप से अपने साथी को सुनें और समझने की कोशिश करें।

अंतरंग संबंधों में स्वस्थ सीमाएं और व्यक्तिगत स्थान का सम्मान

प्रेमपूर्ण रिश्तों में, स्वस्थ सीमाएं और व्यक्तिगत स्थान का सम्मान दो आवश्यक तत्व हैं जो अंतरंगता, विश्वास और आपसी सम्मान को बढ़ावा देते हैं। स्वस्थ सीमाएं हमें अपनी भावनाओं, जरूरतों और इच्छाओं के बारे में स्पष्ट होने और उन्हें व्यक्त करने में सक्षम बनाती हैं, जबकि व्यक्तिगत स्थान हमें अपनी पहचान बनाए रखने और स्वतंत्र रूप से विकसित होने की अनुमति देता है।

स्वस्थ सीमाओं का महत्व:

- व्यक्तिगत सुरक्षा और कल्याण का संरक्षण: सीमाएं हमें शारीरिक और भावनात्मक रूप से सुरक्षित रहने में सक्षम बनाती हैं। वे हमें अनुचित व्यवहार, शोषण या चोट से बचाते हैं।

- आत्म-सम्मान और आत्म-विश्वास का निर्माण: स्वस्थ सीमाएं निर्धारित करने और उनका सम्मान करने से हमारा आत्मसम्मान और आत्मविश्वास बढ़ता है। यह हमें स्वयं के लिए खड़े होने और अपनी आवश्यकताओं को पूरा करने में अधिक सशक्त बनाता है।

- स्वस्थ संबंधों का निर्माण: सीमाएं स्पष्ट करती हैं कि क्या अनुमेय है और क्या नहीं, जिससे भ्रम और संघर्ष कम होता है। यह स्वस्थ संचार और सम्मान को बढ़ावा देता है, जिससे मजबूत और अधिक सार्थक संबंध बनते हैं।

- ** व्यक्तिगत विकास और स्वतंत्रता:** सीमाएं हमें स्वयं के रूप में विकसित होने के लिए आवश्यक स्थान और स्वतंत्रता प्रदान करती हैं। यह हमें अपने जुनून का पालन करने, अपने लक्ष्यों को पूरा करने और व्यक्तिगत रूप से विकसित होने की अनुमति देता है।

व्यक्तिगत स्थान का महत्व:

- आत्म-प्रतिबिंब और आत्म-देखभाल के लिए समय: व्यक्तिगत स्थान हमें अपने विचारों और भावनाओं को संसाधित करने, रिचार्ज करने और आराम करने के लिए आवश्यक समय प्रदान करता है। यह हमें अपने आप से जुड़ने और आत्म-देखभाल का अभ्यास करने में सक्षम बनाता है, जिससे हमारा शारीरिक और मानसिक स्वास्थ्य बेहतर होता है।

- रचनात्मकता और उत्पादकता को बढ़ावा देता है: व्यक्तिगत स्थान हमें अपने विचारों को एकत्रित करने, ध्यान केंद्रित करने और अपने लक्ष्यों को पूरा करने में सक्षम बनाता है। यह रचनात्मकता और उत्पादकता को बढ़ावा देता है, जिससे हमारे जीवन के सभी क्षेत्रों में सफलता मिलती है।

- संबंधों को ताजा और रोमांचक बनाए रखना: व्यक्तिगत स्थान स्वस्थ अंतरंगता को बढ़ावा देता है। यह रहस्य की भावना बनाए रखता है और हमें एक-दूसरे के लिए तरसने में मदद करता है। यह जुनून और रोमांस को जिंदा रखता है, जिससे रिश्ते ताजा और रोमांचक बने रहते हैं।

- स्वतंत्रता और व्यक्तिगत पहचान को बनाए रखना: व्यक्तिगत स्थान हमें अपने स्वयं के रूप में विकसित होने और अपनी पहचान बनाए रखने की अनुमति देता है। यह हमें अपने हितों और जुनून का पालन करने, अपने खुद के जीवन जीने और स्वतंत्र व्यक्ति बनने में सक्षम बनाता है।

स्वस्थ सीमाएं और व्यक्तिगत स्थान का सम्मान कैसे करें:

- अपनी जरूरतों और सीमाओं को जानें: अपने आप को गहराई से समझने के लिए समय निकालें और पहचानें कि आपको क्या पसंद है और क्या नापसंद है। अपनी सीमाओं को स्पष्ट रूप से परिभाषित करें और दूसरों से उन्हें सम्मान देने की अपेक्षा करें।

- अपनी भावनाओं और जरूरतों को स्पष्ट रूप से व्यक्त करें: अपनी सीमाओं को दूसरों के साथ स्पष्ट रूप से और ईमानदारी से संवाद करें। "हां" या "नहीं" कहने से डरो मत और अपने विचारों को मुखर रूप से व्यक्त करें।

- सुनें और समझने का प्रयास करें: अपने साथी की सीमाओं को समझें और उनका सम्मान करें। उनकी भावनाओं को सुनें और समझने की कोशिश करें, भले ही आप हमेशा सहमत न हों।

Chapter 4: The Power of Connection

Chapter 4: संबंधों की शक्ति

कनेक्शन: सार्थक रिश्तों की नींव

हमारी दुनिया में, जहां हम अक्सर तकनीक और डिजिटल कनेक्शन से घिरे रहते हैं, सच्चे कनेक्शन का महत्व पहले से कहीं अधिक आवश्यक हो गया है। कनेक्शन वह गहरा, अर्थपूर्ण बंधन है जो हमें एक-दूसरे के साथ जोड़ता है और हमें देखा, सुना और समझा हुआ महसूस कराता है। यह वह आधार है जिस पर सार्थक रिश्ते बनते हैं।

कनेक्शन को परिभाषित करना:

कनेक्शन एक भावनात्मक अनुभव है जो तब उत्पन्न होता है जब दो या दो से अधिक लोग वास्तव में एक-दूसरे से जुड़ते हैं। यह एक बहुआयामी अवधारणा है जिसमें कई तत्व शामिल हैं, जिनमें शामिल हैं:

- विश्वास: एक सुरक्षित और खुला वातावरण बनाने के लिए विश्वास आवश्यक है, जो भेद्यता और अंतरंगता को प्रोत्साहित करता है।
- सम्मान: प्रत्येक व्यक्ति की भावनाओं, विचारों और जरूरतों के लिए सम्मान करना महत्वपूर्ण है।
- स्वीकृति: अपने साथी को बिना शर्त स्वीकार करना उन्हें सुरक्षित और मूल्यवान महसूस कराता है।
- संचार: स्पष्ट, ईमानदार और खुला संचार एक मजबूत संबंध बनाने का आधार है।

- सहानुभूति: अपने साथी की भावनाओं को समझने और उससे संबंधित होने की क्षमता एक मजबूत बंधन बनाने में महत्वपूर्ण है।
- समर्थन: एक दूसरे के लक्ष्यों और सपनों का समर्थन करना मजबूत रिश्तों का एक अनिवार्य हिस्सा है।

सार्थक रिश्तों में कनेक्शन की भूमिका:

सार्थक रिश्ते उन पर बने गहरे कनेक्शन के बिना संभव नहीं हैं। कनेक्शन हमें प्रदान करता है:

- प्यार और स्वीकृति: सच्चे कनेक्शन से हमें प्यार और स्वीकार किए जाने की भावना मिलती है, जिससे हम सुरक्षित और मूल्यवान महसूस करते हैं।
- समर्थन और समझ: जब हम कठिनाइयों का सामना करते हैं, तो मजबूत संबंध हमें आवश्यक समर्थन और समझ प्रदान करते हैं।
- खुद का एक बेहतर संस्करण बनने के लिए प्रेरणा: सार्थक रिश्ते हमें अपने लक्ष्यों को प्राप्त करने और अपने सपनों को साकार करने के लिए प्रेरित करते हैं।
- जीवन का अर्थ और उद्देश्य: मजबूत संबंध हमें जीवन में अर्थ और उद्देश्य की भावना प्रदान करते हैं।
- खुशी और पूर्ति: सच्चे कनेक्शन हमारे जीवन को खुशी, प्रेम और संतोष से भर देते हैं।

कनेक्शन कैसे बनाएं:

कनेक्शन बनाने के लिए, हमें प्रयास करने और खुद को खोलने की जरूरत है। यहाँ कुछ रणनीतियाँ हैं जिनका उपयोग किया जा सकता है:

- ईमानदार और खुले रहें: अपने विचारों, भावनाओं और अनुभवों को साझा करने के लिए तैयार रहें।

- सक्रिय रूप से सुनें: दूसरों की बातों को ध्यान से सुनें और उन्हें समझने का प्रयास करें।

- दयालु और करुणामय बनें: दूसरों के साथ सम्मान और करुणा के साथ व्यवहार करें।

- दूसरों में रुचि दिखाएं: दूसरों के जीवन, अनुभवों और रुचियों के बारे में पूछें।

- उपस्थित रहें: जब आप दूसरों के साथ हों तो फोन या अन्य distractions से बचें और उन्हें अपना पूरा ध्यान दें।

- भेद्यता का अभ्यास करें: अपने आप को कमजोरियों और खामियों के साथ साझा करने से गहरा संबंध बनाने में मदद मिलती है।

- समय और प्रयास करें: रिश्ते समय और प्रयास लेते हैं। अपने प्रियजनों के साथ नियमित रूप से समय बिताएं और उनके जीवन में शामिल

साझा मूल्य, रुचियाँ और लक्ष्य: संबंध बनाने की कुंजी

जब हम उन लोगों से जुड़ते हैं जिनके साथ हमारे साझा मूल्य, रुचियां और लक्ष्य होते हैं, तो हम एक मजबूत और अधिक सार्थक संबंध बनाने की संभावना रखते हैं। ये साझा तत्व हमें एक दूसरे में समझ, समर्थन और प्रेरणा का स्रोत खोजने में सक्षम बनाते हैं।

साझा मूल्य क्या हैं?

साझा मूल्य वे मौलिक विश्वास और आदर्श हैं जो हमारे जीवन को परिभाषित करते हैं। वे हमारे कार्यों, निर्णयों और व्यवहार को प्रभावित करते हैं और हमें एक व्यक्ति के रूप में मार्गदर्शन करते हैं। उदाहरण के लिए, हम ईमानदारी, दया, न्याय, या पर्यावरण संरक्षण को महत्व दे सकते हैं।

साझा रुचियाँ क्या हैं?

साझा रुचियां वे गतिविधियां, शौक और अनुभव हैं जिनका हम आनंद लेते हैं। वे हमें एक साथ समय बिताने और नई चीजों का पता लगाने का अवसर प्रदान करते हैं। उदाहरण के लिए, हम दोनों को संगीत सुनना, खेल खेलना, या पढ़ना पसंद हो सकता है।

साझा लक्ष्य क्या हैं?

साझा लक्ष्य वे इच्छाएं और आकांक्षाएं हैं जिन्हें हम प्राप्त करना चाहते हैं। वे हमें एक साथ काम करने और एक दूसरे को प्रेरित करने का उद्देश्य प्रदान करते हैं। उदाहरण के लिए, हम दोनों अपने करियर में आगे बढ़ना चाहते हैं, स्वस्थ जीवन शैली जीना चाहते हैं, या एक परिवार शुरू करना चाहते हैं।

कैसे साझा मूल्य, रुचियाँ और लक्ष्य संबंध बनाने में मदद करते हैं:

- बातचीत को प्रोत्साहित करें: जब हमारे पास साझा करने के लिए कुछ होता है, तो बातचीत स्वाभाविक रूप से बहने लगती है। हम अपने अनुभवों, विचारों और भावनाओं को एक दूसरे के साथ साझा कर सकते हैं, जिससे एक गहरा समझ और संबंध बनता है।

- विश्वास और सुरक्षा का निर्माण करें: जब हम जानते हैं कि हम किसी के साथ मूल्यों, रुचियों और लक्ष्यों को साझा करते हैं, तो हम उनके प्रति अधिक विश्वास और सुरक्षा महसूस करते हैं। इससे हम भेद्यता का अभ्यास करने और अपने आप को अधिक पूरी तरह से खोलने में अधिक सहज महसूस करते हैं।

- प्रेरणा और समर्थन प्रदान करें: जब हमारे लक्ष्य समान होते हैं, तो हम एक दूसरे को प्रेरित और समर्थन दे सकते हैं। हम एक दूसरे को अपने सपनों का पीछा करने और अपनी पूरी क्षमता तक पहुंचने के लिए प्रोत्साहित कर सकते हैं।

- संघर्ष को कम करें: जब हमारे मूल्य, रुचियां और लक्ष्य एक दूसरे के साथ संरेखित होते हैं, तो हमारे बीच असहमति होने की संभावना कम होती है। यह हमारे रिश्तों को अधिक सकारात्मक और सामंजस्यपूर्ण बनाता है।

- कनेक्शन का एक गहरा भावना पैदा करें: जब हम जानते हैं कि हम किसी के साथ इतना साझा करते हैं, तो हम एक गहरा कनेक्शन महसूस करने लगते हैं। यह हमें एक दूसरे के साथ एक विशेष बंधन बनाने में मदद करता है जो समय की कसौटी पर खरा उतरता है।

साझा मूल्य, रुचियाँ और लक्ष्य ढूँढना:

- खुद को जानें: अपने स्वयं के मूल्यों, रुचियों और लक्ष्यों को समझना आवश्यक है ताकि आप उन लोगों को ढूंढ सकें जिनके साथ आप उन्हें साझा करते हैं।

- दूसरों से जुड़ें: विभिन्न प्रकार के लोगों से मिलने के लिए बाहर निकलें और विभिन्न गतिविधियों में शामिल हों।
- सवाल पूछें: जब आप किसी नए व्यक्ति से मिलते हैं, तो उनसे उनके मूल्यों, रुचियों और लक्ष्यों के बारे में पूछें।
- ध्यान दें: सुनें कि लोग क्या कहते हैं और क्या नहीं कहते हैं। उनके दृष्टिकोण और उनके कार्यों से सीखें।

लंबी दूरी के रिश्तों में कनेक्शन बनाना और बनाए रखना: रणनीतियाँ और सुझाव

लंबी दूरी के रिश्ते चुनौतीपूर्ण हो सकते हैं, लेकिन वे सफल और फलदायी भी हो सकते हैं। अंतरंगता, विश्वास और एक मजबूत संबंध बनाने के लिए, सक्रिय प्रयास और जानबूझकर रणनीतियों की आवश्यकता होती है।

कनेक्शन बनाना और बनाए रखने के लिए रणनीतियाँ:

1. नियमित रूप से संवाद करें:

- गुणवत्तापूर्ण बातचीत के लिए समय निकालें: नियमित रूप से कॉल करें, वीडियो चैट करें या टेक्स्ट करें, लेकिन सुनिश्चित करें कि बातचीत सार्थक और दिलचस्प है।
- विभिन्न संचार माध्यमों का उपयोग करें: विभिन्न संचार चैनलों का उपयोग करें ताकि बातचीत ताजा और रोमांचक रहे।
- खुले और ईमानदार रहें: अपनी भावनाओं, विचारों और अनुभवों को एक-दूसरे के साथ साझा करें।

2. समय और प्रयास का निवेश करें:

- एक-दूसरे के लिए समय निकालें: अपने व्यस्त कार्यक्रमों के बावजूद, एक-दूसरे के लिए समय निकालना महत्वपूर्ण है।
- उपस्थित रहें: जब आप बात कर रहे हों या वीडियो चैट कर रहे हों, तो उपस्थित रहें और विचलित होने से बचें।
- आश्चर्य और रोमांस को जीवित रखें: एक दूसरे को उपहार भेजें, प्यार भरे संदेश लिखें, और आभासी तिथियों की योजना बनाएं।

3. साझा अनुभव पैदा करें:

- एक साथ गतिविधियाँ करें: ऑनलाइन गेम खेलें, फिल्में देखें, किताबें पढ़ें, या एक साथ खाना पकाएँ।
- आपसी रुचियों को साझा करें: अपने शौक, जुनून और रुचियों को एक-दूसरे के साथ साझा करें।
- एक साथ भविष्य की योजना बनाएं: साझा लक्ष्य निर्धारित करें और एक साथ भविष्य की योजना बनाने में समय बिताएं।

4. विश्वास और सम्मान का निर्माण करें:

- ईमानदार और भरोसेमंद रहें: अपनी बात रखें और ईमानदारी बनाए रखें।
- एक दूसरे को स्वीकार करें: अपने साथी को उनके गुणों और कमियों के साथ स्वीकार करें।
- एक दूसरे को जगह दें: अपने साथी को अपना व्यक्तिगत स्थान और स्वतंत्रता दें।

5. चुनौतियों का सामना करना सीखें:

- दूरियों के बारे में यथार्थवादी रहें: उन चुनौतियों के बारे में खुला और ईमानदार रहें जो लंबी दूरी के रिश्ते के साथ आती हैं।
- धैर्य और समझ रखें: कठिन समय के दौरान एक दूसरे के प्रति धैर्य और समझ रखना महत्वपूर्ण है।
- समस्याओं का समाधान एक साथ करें: समस्याओं से बचने के बजाय, उन्हें एक साथ सामना करें और समाधान खोजने के लिए मिलकर काम करें।

संबंध बनाए रखने के लिए अतिरिक्त सुझाव:

- एक दूसरे को प्रोत्साहित और प्रेरित करें: अपने साथी के लक्ष्यों और सपनों का समर्थन करें और उन्हें हासिल करने के लिए उन्हें प्रोत्साहित करें।

- आभार व्यक्त करें: अपने साथी के प्रति आभार व्यक्त करें और उनके जीवन में आपके लिए जो कुछ भी करते हैं उसके लिए उन्हें धन्यवाद दें।

- अपने आप को पोषित करें: स्व-देखभाल के लिए समय निकालना और अपने स्वयं के जीवन का आनंद लेना महत्वपूर्ण है।

- सकारात्मक रहें: भले ही आप दूर हों, सकारात्मक दृष्टिकोण बनाए रखना और रिश्ते के भविष्य के बारे में आशावादी रहना महत्वपूर्ण है।

Chapter 5: Embracing Growth and Change in Relationships

Chapter 5: बदलते रिश्ते: समय के साथ विकास और चुनौतियों का सामना

बदलते रिश्ते: समय के साथ विकास और चुनौतियों का सामना

जीवन में कुछ भी स्थिर नहीं है, और रिश्ते भी कोई अपवाद नहीं हैं। समय के साथ, रिश्ते स्वाभाविक रूप से बदलते और विकसित होते हैं। ये परिवर्तन आंतरिक और बाहरी दोनों कारकों के कारण हो सकते हैं, जैसे कि व्यक्तिगत विकास, जीवन की घटनाएं, और बाहरी परिस्थितियां।

परिवर्तन के प्रकार:

- व्यक्तिगत विकास: जैसे-जैसे हम जीवन में आगे बढ़ते हैं, हम व्यक्तिगत रूप से भी विकसित होते हैं। हमारे मूल्य, विश्वास, लक्ष्य और रुचियां बदल सकती हैं। यह हमारे रिश्तों को प्रभावित कर सकता है, क्योंकि हम अपने साथी से अलग-अलग चीजें चाहते हैं।

- जीवन की घटनाएं: जन्म, मृत्यु, विवाह, तलाक, बीमारी, करियर में बदलाव, और अन्य जीवन की घटनाएं हमारे रिश्तों पर एक बड़ा प्रभाव डाल सकती हैं। ये घटनाएं हमें तनाव का सामना करने, संघर्ष को हल करने और एक साथ अनुकूलित करने के लिए मजबूर कर सकती हैं।

- बाहरी परिस्थितियां: बाहरी कारक, जैसे कि वित्तीय तनाव, सांस्कृतिक मतभेद, या शारीरिक दूरी, हमारे रिश्तों को प्रभावित कर सकते हैं। इन चुनौतियों का सामना करने के लिए हमें रचनात्मक, लचीला और समझदार होने की आवश्यकता है।

परिवर्तन के प्रभाव:

परिवर्तन हमारे रिश्तों को सकारात्मक और नकारात्मक दोनों तरह से प्रभावित कर सकता है:

- सकारात्मक प्रभाव: परिवर्तन हमें बढ़ने, सीखने और विकसित होने के लिए प्रेरित कर सकता है। यह हमें अपने रिश्तों को नया सिरा देने और उन्हें अधिक मजबूत और सार्थक बनाने का अवसर प्रदान कर सकता है।

- नकारात्मक प्रभाव: परिवर्तन तनाव, संघर्ष और असंतोष का कारण बन सकता है। यह हमें अलग-थलग महसूस करा सकता है और हमारे रिश्ते के भविष्य के बारे में चिंतित कर सकता है।

परिवर्तन और चुनौतियों का सामना करना:

परिवर्तन और चुनौतियों का सामना करने के लिए, हमें कुछ रणनीतियों को अपनाने की आवश्यकता होती है:

- संचार बनाए रखें: अपने साथी के साथ खुले और ईमानदारी से संवाद करें। अपनी भावनाओं, विचारों और चिंताओं को एक-दूसरे के साथ साझा करें।

- लचीला बनें: परिवर्तन के लिए खुला रहें और अपने साथी के साथ मिलकर अनुकूलन करने के लिए तैयार रहें।

- संघर्ष का समाधान करें: जब असहमतियां आती हैं, तो उनका सामना करने और सम्मानजनक तरीके से उनका समाधान करने का प्रयास करें।

- समर्थन मांगें: जब आपको इसकी आवश्यकता हो, तो परिवार, दोस्तों या पेशेवर मदद से सहायता प्राप्त करें।

- धैर्य रखें: रिश्ते बदलते हैं और विकसित होते हैं, और इसमें समय लगता है। सकारात्मक रहें और अपने संबंध को बढ़ने दें।

निष्कर्ष:

परिवर्तन और चुनौतियां रिश्तों का एक स्वाभाविक हिस्सा हैं। परिवर्तन को गले लगाकर और चुनौतियों का सामना करने के लिए रचनात्मक तरीके खोजकर, हम अपने रिश्तों को मजबूत, अधिक लचीला और अधिक सार्थक बना सकते हैं।

स्वस्थ तरीके से संघर्ष और असहमति का सामना करना

रिश्तों में संघर्ष और असहमति होना स्वाभाविक है। वास्तव में, यह स्वस्थ संचार और व्यक्तिगत विकास के अवसर प्रदान कर सकता है। हालांकि, अगर संघर्ष को गलत तरीके से संभाला जाता है, तो यह रिश्ते को नुकसान पहुंचा सकता है और यहां तक कि टूट भी सकता है।

स्वस्थ संघर्ष समाधान के लाभ:

- समझ को बढ़ाता है: संघर्ष के बारे में बात करने से दोनों पक्षों को एक दूसरे के दृष्टिकोण को बेहतर ढंग से समझने में मदद मिलती है।
- विश्वास और सम्मान को मजबूत करता है: जब संघर्ष को सम्मानपूर्वक हल किया जाता है, तो यह विश्वास और सम्मान को मजबूत करता है और रिश्ते के बंधन को मजबूत करता है।
- समस्याओं का समाधान ढूंढने में मदद करता है: संघर्ष के बारे में बात करने से रचनात्मक रूप से समस्याओं का समाधान ढूंढने और रिश्ते को बेहतर बनाने का अवसर मिलता है।
- ** व्यक्तिगत विकास को बढ़ावा देता है:** संघर्ष का सामना करना हमें अपनी भावनाओं को व्यक्त करने, अपनी बात रखने और संचार कौशल विकसित करने में मदद करता है।

स्वस्थ संघर्ष समाधान के लिए रणनीतियाँ:

1. शांत रहें: संघर्ष के दौरान शांत और विनम्र रहना महत्वपूर्ण है। गुस्से में या आक्रामक तरीके से बात करने से रिश्ते को और नुकसान होगा।

2. सक्रिय रूप से सुनें: अपने साथी को बिना किसी रुकावट के बोलने दें। उनकी बातों को ध्यान से सुनें और कोशिश करें कि उनके दृष्टिकोण को समझें।

3. "मैं" कथनों का प्रयोग करें: अपने विचारों और भावनाओं को व्यक्त करने के लिए "मैं" कथनों का प्रयोग करें। "आप" कथनों का प्रयोग करने से बचें, जो आरोप लगाने और आक्रामक लग सकते हैं।

4. सम्मानजनक बने रहें: भले ही आप असहमत हों, अपने साथी का सम्मान करना महत्वपूर्ण है। व्यक्तिगत हमलों का प्रयोग करने या नाम-पुकार करने से बचें।

5. समझौते की तलाश करें: दोनों पक्षों की जरूरतों को पूरा करने वाले समझौते की तलाश करें। एक समाधान खोजने के लिए तैयार रहें जो सभी के लिए काम करे।

6. जरूरत पड़ने पर ब्रेक लें: यदि संघर्ष तनावपूर्ण हो जाता है, तो ब्रेक लेने और बातचीत को बाद में फिर से शुरू करने के लिए सहमत हों।

7. पेशेवर मदद लें: यदि आप संघर्ष को स्वयं हल नहीं कर पा रहे हैं, तो पेशेवर मदद लेने में संकोच न करें। एक चिकित्सक या परामर्शदाता आपको स्वस्थ संचार और संघर्ष समाधान कौशल विकसित करने में मदद कर सकता है।

स्वस्थ संघर्ष समाधान से बचने के लिए क्या करें:

- दोषारोपण: जब चीजें गलत होती हैं, तो दूसरे व्यक्ति को दोष देने से बचें। इसके बजाय, समस्या के बारे में बात करें और एक साथ समाधान खोजें।
- बचाव: अपने कार्यों का बचाव करने के बजाय, अपने साथी को सुनें और यह समझने की कोशिश करें कि वे कैसा महसूस करते हैं।
- खामोश रहना: समस्याओं को अनदेखा करने या चुप रहने से संघर्ष दूर नहीं होगा। इसके बजाय, स्थिति को संबोधित करना और बातचीत करना महत्वपूर्ण है।

- अपमान और आक्रामकता: अपमानजनक भाषा का प्रयोग करने या आक्रामक व्यवहार करने से रिश्ते को और नुकसान होगा।
- विषय भटकाना: असहमत होने पर विषय भटकाने से बचें। संघर्ष का सामना करें और समस्या के बारे में बात करें।

व्यक्तिगत विकास और स्वस्थ संबंधों का सामंजस्य: रणनीतियाँ और सुझाव

वृद्धि और विकास एक सार्थक जीवन के लिए आवश्यक हैं, और रिश्तों में भी यह उतना ही महत्वपूर्ण है। हालांकि, कभी-कभी व्यक्तिगत विकास और स्वस्थ संबंधों के बीच संतुलन बनाए रखना चुनौतीपूर्ण हो सकता है। इस अध्याय में, हम उन रणनीतियों का पता लगाएंगे जो आपको दोनों को प्राप्त करने में मदद कर सकती हैं:

स्वयं को जानना और अपनी जरूरतों को समझना:

- आत्म-प्रतिबिंब का अभ्यास करें: अपनी ताकत, कमजोरियों, मूल्यों और जुनून को पहचानने के लिए समय निकालें।
- अपनी सीमाओं को पहचानें: अपनी ऊर्जा और समय को सीमित करने और अपनी जरूरतों को पूरा करने के लिए स्वस्थ सीमाएं निर्धारित करें।
- अपने आप को पोषित करें: आत्म-देखभाल को प्राथमिकता दें और उन गतिविधियों में शामिल हों जो आपको ऊर्जा और प्रेरणा प्रदान करती हैं।

अपने लक्ष्यों और सपनों को निर्धारित करें:

- अपने दीर्घकालिक और अल्पकालिक लक्ष्यों को निर्धारित करें: आप जीवन में क्या हासिल करना चाहते हैं और आप वहां कैसे पहुंचेंगे, इसकी स्पष्ट तस्वीर प्राप्त करें।
- अपने लक्ष्यों को साझा करें: अपने साथी और करीबी लोगों के साथ अपने लक्ष्यों को साझा करने से आपको जवाबदेह बने रहने और समर्थन प्राप्त करने में मदद मिल सकती है।
- छोटे-छोटे कदमों में आगे बढ़ें: अपने लक्ष्यों को प्राप्त करने के लिए टूटने योग्य कार्यों में विभाजित करें और एक समय में एक कदम उठाएं।

अपने आप को चुनौती दें और नए अनुभवों को अपनाएं:

- अपने आराम क्षेत्र से बाहर निकलें: नई चीजों को आजमाएं, नए कौशल सीखें और अपने ज्ञान का विस्तार करें।
- अपने हितों को आगे बढ़ाएं: अपने शौक और जुनून के लिए समय निकालें और उन गतिविधियों में शामिल हों जो आपको आनंदित करती हैं।
- अपने आप को प्रेरित करने के लिए प्रेरणा के स्रोत खोजें: सफल लोगों की कहानियां पढ़ें, प्रेरक भाषण सुनें और अपने आप को प्रेरित रखने के लिए सकारात्मक लोगों के साथ घिरे रहें।

अपने साथी का समर्थन और प्रोत्साहन प्राप्त करें:

- अपने साथी के लक्ष्यों और सपनों के बारे में जानें: उनके लक्ष्यों को समझें और उन्हें प्राप्त करने के लिए उनका समर्थन करें।
- एक दूसरे को प्रेरित और प्रोत्साहित करें: अपने साथी को उनके लक्ष्यों को प्राप्त करने के लिए प्रेरित करें और उनके प्रयासों के लिए उनकी सराहना करें।
- एक दूसरे के विकास को स्वीकार करें और उसका जश्न मनाएं: अपने साथी के विकास और उपलब्धियों को खुले दिल से स्वीकार करें और उनके साथ जश्न मनाएं।

संचार और समझ बनाए रखें:

- नियमित रूप से अपने विचारों और भावनाओं को एक-दूसरे के साथ साझा करें: अपने दिन के बारे में बात करें, अपनी चुनौतियों पर चर्चा करें और अपने भविष्य के बारे में योजना बनाएं।
- सक्रिय रूप से सुनें और एक दूसरे को समझने का प्रयास करें: दूसरे व्यक्ति के दृष्टिकोण को समझने के लिए बिना किसी रुकावट के सुनें।

- खुले और ईमानदार रहें: अपनी इच्छाओं, जरूरतों और चिंताओं के बारे में ईमानदार रहें और अपने साथी के साथ खुलकर संवाद करें।

संबंधों को समाप्त करना और विराम से गुजरना: शालीनता और सम्मान के साथ आगे बढ़ना

हालांकि आदर्श नहीं है, कभी-कभी रिश्ते खत्म हो जाते हैं। यह एक दर्दनाक और चुनौतीपूर्ण अनुभव हो सकता है, लेकिन इसे शालीनता और सम्मान के साथ भी किया जा सकता है। इस अध्याय में, हम रिश्ते को समाप्त करने और विराम से गुजरने के बारे में चर्चा करेंगे:

कब पता चले कि रिश्ता खत्म हो चुका है:

- **लगातार संघर्ष और असहमति:** यदि आप लगातार एक ही मुद्दों पर बहस कर रहे हैं और कोई समाधान नहीं मिल रहा है, तो यह एक संकेत हो सकता है कि रिश्ता खत्म हो गया है।
- सम्मान और विश्वास की कमी: यदि आप अपने साथी को सम्मान नहीं देते हैं या उन पर भरोसा नहीं करते हैं, तो यह एक स्वस्थ रिश्ते के लिए आवश्यक आधार प्रदान नहीं करता है।
- खुशी और संतुष्टि की कमी: यदि आप रिश्ते में खुश और संतुष्ट नहीं हैं, तो यह एक संकेत हो सकता है कि यह समाप्त होने का समय है।
- विभिन्न लक्ष्य और मूल्य: यदि आपके और आपके साथी के लक्ष्य और मूल्य बिल्कुल अलग हैं, तो यह एक साथ भविष्य बनाने में मुश्किल पैदा कर सकता है।
- दुर्व्यवहार और विषाक्तता: यदि रिश्ते में दुर्व्यवहार या विषाक्तता मौजूद है, तो इसे समाप्त करना आवश्यक है।

विराम लेने का निर्णय लेना:

- किसी निर्णय में जल्दबाजी न करें: रिश्ते को खत्म करने का निर्णय एक बड़ा है, इसलिए किसी निष्कर्ष पर पहुंचने के लिए समय निकालें।

- अपनी भावनाओं को समझें: अपनी भावनाओं को पहचानें और स्वीकार करें और उन पर कार्रवाई करने से पहले उन्हें समझने का प्रयास करें।
- इतरे-वितरे चर्चा करें: अपने साथी के साथ एक खुली और ईमानदार बातचीत करें और अपने विचारों और भावनाओं को साझा करें।
- विराम लेने पर विचार करें: यदि आप अनिश्चित हैं या अपने विचारों को सुलझाने की आवश्यकता है, तो एक ब्रेक लेने पर विचार करें।

विराम से गुजरना:

- स्पष्ट सीमाएं निर्धारित करें: ब्रेक के दौरान, यह स्पष्ट करना महत्वपूर्ण है कि आप किस प्रकार का संपर्क चाहते हैं और क्या नहीं।
- अपने आप को समय दें: इस समय का उपयोग अपने बारे में सोचने और अपने लक्ष्यों और सपनों को फिर से जोड़ने के लिए करें।
- ईमानदार रहें: यदि आप ब्रेक के दौरान निर्णय लेते हैं कि रिश्ता खत्म हो गया है, तो अपने साथी के प्रति ईमानदार और सीधे रहें।

विराम के बाद आगे बढ़ना:

- समय लें: दुःख और उपचार प्रक्रिया के लिए समय दें।
- सहायता मांगें: यदि आपको सहायता की आवश्यकता है, तो दोस्तों, परिवार या एक चिकित्सक से बात करें।
- फिर से प्यार खोजने के लिए खुले रहें: जब आप तैयार हों, तो नए रिश्तों के लिए खुले रहें।
- अपने अनुभव से सीखें: अपने विराम से सीखें और भविष्य के रिश्तों में उन गलतियों को दोहराने से बचने का प्रयास करें।

विराम लेते समय या संबंध समाप्त करते समय, निम्नलिखित बातों को ध्यान में रखना महत्वपूर्ण है:

- शालीनता और सम्मान के साथ व्यवहार करें: अपने साथी के प्रति दयालु और सम्मानजनक बनें, भले ही आप उनसे अलग हो रहे हों।
- खुद को व्यक्त करें: अपने विचारों और भावनाओं को स्पष्ट और ईमानदारी से व्यक्त करें।
- सुनने के लिए तैयार रहें: अपने साथी के दृष्टिकोण को सुनने के लिए तैयार रहें और समझने की कोशिश करें।

www.ingramcontent.com/pod-product-compliance
Lightning Source LLC
LaVergne TN
LVHW020431080526
838202LV00055B/5131
* 9 7 8 8 1 1 9 6 6 9 7 9 0 *